U0526499

爱琴海的光芒

HELLENIC CIVILIZATION

千年古希腊文明
[社会篇]

全景插图版

[美] 乔治·威利斯·博茨福德 著
王雁 译

中国画报出版社·北京

目 录

第1章 经济与社会（公元前750年到公元前479年）

001

第2章 希腊社会的各个方面（公元前479年到公元前404年）

035

第3章 社会状况（公元前404年到公元前337年）

077

第4章 希腊各王国的行政、手工业及教育状况（公元前337年到公元前30年）

131

第5章 社会状况（公元前337年之后）

167

第1章

经济与社会
（公元前750年到公元前479年）

Economy and Society

(750—479 B.C.)

经济话题与社会话题唯一的史料来源就是诗人。现存的各种诗歌不足以支撑本章按照主题分类。因此，在大多数情况下，会将诗人的名字作为小标题。本章还包含了公元前479年之后的一些散文作家的文章。

●马尔萨斯人口理论的原型

> 广袤的大地上曾经生存着数量庞大的人类。这让大地变得疲惫不堪。宙斯看在眼里，充满了怜悯，思索着如何能减轻万物之母——大地——的负担。于是，特洛伊的战火燃烧起来了。死亡同样能减轻大地的负担。因此，特洛阿德的英雄们都战死了。宙斯的方法成功了。

——斯达西努斯《库普里亚》

● 被俘的寡妇和她的儿子

阿喀琉斯的儿子尼奥普托列墨斯来到赫克托耳的寡妇安德洛玛刻所在的船上。至于那个孩子——赫克托耳的儿子阿斯堤阿那克斯，尼奥普托列墨斯从仆人怀里将孩子抢了过来，抓住孩子的脚，从塔上扔了下去。孩子死在了血泊之中。这就是无情的命运啊。

——《小伊利亚特》

● 提洛岛上的阿波罗节日

手持银弓的王子阿波罗，穿过陡峭的辛西斯山，在神殿和人群中游荡着。这里有许多属于你的神殿和小树林，高耸的山丘及奔流入海的河流。但福玻斯，你在提洛岛应该是最高兴的。穿着长袍的爱奥尼亚人——包括孩子和未婚的女子——为了你聚集在一起。他们欢歌跳舞、作诗吟唱。如果有人碰到这些爱奥尼亚人，一定会说他们是不老的神，会满心欢喜地注视着这些男人和女人。还有提洛岛的少女们，她们为阿波罗、勒托和阿耳忒弥斯唱着赞美歌，然后用歌声怀念着古时的男男女女。

——荷马《阿波罗赞歌》

●五个种族

首先，奥林匹斯山上不朽的诸神创造了属于黄金种族的人类。这些人生活在克罗诺斯是众神之王的时代。他们像神那样生活着，内心感受不到悲伤，远离了劳累和辛苦。他们不会衰老，手脚永远充满了力量。他们享受着各种节日宴会的快乐，远离了所有不幸。他们就连死亡都如熟睡一样安详，他们拥有天底下所有美好的事物。慷慨的大地为他们提供吃不完的果实。他们无忧无虑地过着平静的生活。在他们生活的土地上，羊群随处可见，众神也爱着他们。自从这个种族被大地埋葬后，宙斯让他们成了大地上的神。他们是善良的，是人类的守护者。他们身披云雾漫游于大地各处，监视着各种厄运及人类邪恶的行为。他们获得了国王才有的特权，成了财富的赐予者。

此后，奥林匹斯诸神又创造了白银种族。这是一个远不如黄金种族优秀的种族，无论身体上还是心智上都无法与其比肩。这个种族的孩子要花一百年的时间在母亲身旁长大，在家中幼稚地玩耍。孩子长大成人，步入非常短暂的壮年时期，并且将因愚昧无知而始终处于悲伤之中。他们彼此之间充满了傲慢无礼，既不愿意崇拜不朽的神，又不愿意给神的祭坛献上祭品。而这是无论居住在哪里的凡人都应该做的。于是，宙斯气愤地抛弃了他们，因为他们不尊重居住在奥林匹斯山上的诸神。

这个种族被埋进泥土后,被称作"地下的幸福凡人"。尽管他们等级较低,但仍然得到人类的崇敬。

因此,诸神之父宙斯又创造了第三个种族——青铜种族。他们可怕又强悍,一点也不像白银种族。他们傲慢无礼,喜爱阿瑞斯那忧伤的工作。他们不吃五谷,拥有铁石心肠,令人难以接近。他们的力量是无穷的。他们拥有壮实的躯体,从双肩上长出的双臂是无人能敌的。他们的盔甲是青铜的,房屋是青铜的,工具也是青铜的。那时,黑铁还尚未出现。他们用自己的手毁灭了自己,去了冥王哈得斯那阴冷湿暗的地方,没有留下姓名。尽管他们十分强大,但死神吞噬了他们。

青铜种族也被埋进大地后,在富饶的大地上,克罗诺斯之子宙斯又创造了第四个种族。这是一个被称作"半神"的英雄种族,高贵而又公正,是大地上较早出现的一个种族。罪恶的战争和可怕的厮杀,使他们中的一部分人丧生。在属于卡德摩斯的、七座城门的底比斯,有些人为了俄狄浦斯的子民战死。有些人则为了貌美的海伦渡过广阔的大海去特洛伊作战。在特洛伊,他们献出了生命。但诸神之父、克罗诺斯之子宙斯赋予了他们生命,并将他们安置在大地的尽头,远离人类,远离众神。在大地的尽头,克罗诺斯统治着他们。他们忘却了忧伤,生活在海浪汹涌的大洋尽头的幸福岛上。他们是幸福的英雄。富饶的土地为他们一年三次产出新鲜、香甜的果实。

我希望我没有生活在第五种族的人类中间，我希望我在第五种族前已经死去，或者在第五种族后才降生。因为现在是黑铁种族：人们白天一刻不停地劳作，夜晚则慢慢荒废，诸神不断为黑铁种族增添痛处。尽管如此，但恶中还夹杂着善。如果有一天初生婴儿鬓发花白，宙斯也将毁灭他们。父亲和子女之间的关系不融洽；主人与客人之间不以礼相待；朋友之间、兄弟之间也不像从前那般和睦。子女不尊敬很快年迈的父母，并对他们恶语相向。充满罪恶的人类啊，他们根本不知道畏惧神灵。这些人不报答年迈父母的养育之恩，相信力量就是正义并可以用其摧毁另一个城市。他们非但不遵守誓言，不相信正义和善，反倒崇拜作恶者和傲慢无礼之人。在他们看来，正义在权力的手中，虔诚是无用的。恶人用恶语中伤、用谎言欺骗高尚的人。忌妒、争吵、作恶，以及一副可憎的面孔，将一直跟随所有罪恶的人们。敬畏和报答两位女神用白色长袍裹着曼妙的躯体，将离开道路宽阔的大地，前往奥林匹斯山，抛弃人类并加入众神的行列。人类将陷入沉重的悲哀之中，面对罪恶无处求助。

——赫西奥德《工作与时日》

●公平与正义

现在，我要给睿智的贵人们讲一个故事。一只老鹰用利爪擒住了一只脖颈布满斑点的夜莺，飞翔到高高的云层之中。老鹰的利爪刺入夜莺的身体,夜莺发出痛苦的呻吟。这时,翱翔的长翼老鹰讥讽夜莺:"可怜啊!你为什么要呻吟呢?现在你落入了比你更强的动物手中。尽管你是一个歌手,但你得到我带你去的任何地方。我既可以把你吃了,又可以把你放了,一切都取决于我的心情。与强者抗争的人无疑是个傻瓜,因为他既不能获胜,还要遭受痛苦与凌辱。"

如果人们对外来人和本邦人都予以公正审判,丝毫不背离正义,那么他们的城市就会繁荣,人民就会富足。城市呈现出一派和平的景象,儿童也得到爱护,宙斯也不会对他们发动战争。饥荒从不会纠缠审判公正的人。厄运也是如此。他们得以快乐地做自己想做之事。土地为他们出产丰足的食物,山上橡树的枝头长出橡果,蜜蜂穿梭在其中,绵羊身上长出厚厚的羊毛。妇女们抚养着长相酷似父亲的孩子们。孩子们从小到大都拥有好东西。人们不需要驾船出海,因为富饶的土地为他们出产充足的果实。但如果有任何人做邪恶之事,拥有千里眼的宙斯都将予以惩罚。很多时候,由于一个人作恶多端,整个城市都要遭受惩罚。克罗诺斯之子宙斯从天而降,把巨大的痛苦——饥荒和瘟疫带给他们。然后,人们开始慢慢死去。妻子无法生育,房屋因宙斯的诡计而被毁坏。紧接着,宙斯又消灭他们庞大的军队,毁坏他们的城墙,淹没他们海上的船。

啊,贵人们!请你们也要好好考虑这个惩罚。众神就在人类中间，并且时刻注意那些无视诸神的愤怒、以不正当的判决压迫别人的人们。广袤的大地上共有三万个神灵。他们身披云雾到处游走，监视着人间的审判和邪恶行为。其中还有宙斯的女儿——正义女神。她和奥林匹斯诸神一样崇高并受人尊敬。无论什么时候，她一旦遭到辱骂与欺凌，就立刻坐到父亲宙斯的身旁，告诉宙斯众人的邪恶之处，直到众人为其国王做出的愚蠢判决遭到报应为止。国王们，你们要小心这些事。爱受贿赂的人们，你们要摆正言行，要完全抛弃错误审判的思想。害人者终害己。害人者设计的阴谋诡计，伤害最深的人就是他们自己。宙斯的眼睛能看见一切、明了一切，自然也能看到这些事情。只要宙斯愿意，不会看不出我们的城市拥有的是哪一种正义。

——赫西奥德《工作与时日》

●农耕经济

首先，弄到一所房屋、一个女人和一头耕牛。[①] 我说的女人是指女奴，而不是妻子，因为女奴还可以赶牛耕地。然后，在家中置备各式各样的农具，避免求借他人而遭到拒绝，从而因缺少农具而错过时令，耽误农活。也不要将今天的事情拖到明天，甚至是后天。懒惰的

---

① 显然，这针对收入微薄的农民。——原注

人不能充实谷仓，拖沓的人也是如此。勤劳能使工作顺利，拖沓的人只能一事无成。

当灼热的阳光开始消退，万能的宙斯送来了秋雨，人的肉体开始变得轻快。这时，在人类的头顶之上，天狼星开始漫步。但天狼星白天走的路程短，夜晚走的路程长。然后，用铁斧砍伐树木，木头就不易遭受虫蛀。但树叶开始纷纷掉落，也不会再萌发新芽。一定要记住伐木取材。这是这个季节要做的事情。取一段直径三英尺①的白材、一根三腕尺②长的杵和一根七英尺长的轴。这样的长度是刚刚好的。如果把轴弄成八英尺长，还能从轴上截取一个木槌。你要为十拃宽的马车取一根三拃长的车轱辘。还要取许多弯曲的木材。在山上或田野里找到合适的圣栎树时，你要取一根犁辕带回家。因为它是最坚硬的，适合用来犁地。只要把它装到犁头上，再用几个销子固定在犁杆上。为了保险起见，你要准备好两个犁，在家里就组装好，一个是天然木犁，另一个是用几根木料合成的。如果一个犁损坏了，你还可以使用另一个。月桂树或榆树做成的犁杆最不易被虫蛀。犁头要用橡树，犁辕要用圣栎树。耕地要用两头年龄九年的公牛，因为这么大的牛力气大，最适合用来耕田。它们不会在犁沟里打架或破坏耕犁，从而完不成农活。赶牛

---

① 1英尺约合0.3米。——编者注
② 这里指希腊腕尺。1希腊腕尺约合0.46米。——编者注

耕田的应该是一个四十岁左右的男人，让他一餐吃一个可分为四大块或八小块的面包。他能专心干自己的活计，使犁沟笔直，而不是盯着其他人看。

播种的你要注意九霄之上何时传来鹤鸣。每年都有的鹤鸣预示着耕种季节和多雨冬季的来临。这时，还没有耕牛的农民将心急如焚。你要精心喂养牛棚里头角弯曲的耕牛。说一声"借给我两头耕牛、一辆牛车"是一件容易事，但对方以"我的牛有活要干"为借口加以拒绝也同样易如反掌。富于幻想的人常口口声声说造一辆大车，但不知造一辆大车要上百根木料。真是愚蠢啊！因此，你要事先留意，把这些木料聚藏在家里。耕种季节一到，你要和奴仆们不分晴雨抓紧时间播种。每天清晨就要下田干活，这样才能将全部田地种完。你要在春季耕种，但夏季休耕的田地不会使你的希望落空。如果土地变得贫瘠，你就在休耕地上播种。休耕地是生活的保障，孩子们的安慰。

你要向大地之主宙斯和纯洁的德墨忒尔祈祷，祈求能够获得大丰收。一开始，你就给耕牛戴上颈轭，系上皮带，握住犁把，手挥鞭赶它们拉犁耕地时，就要祈祷。在耕种时，你要吩咐一名奴隶带着鹤嘴锄跟在后面，用泥土盖住种子，以免鸟儿啄食。耕种得好对人类是最有利的，反之则会对人类产生巨大伤害。如果奥林匹斯之王宙斯赐予善果，你的麦穗就会颗粒饱满，向大地弯腰点头。这时你要打扫谷仓，清除蜘蛛网。在你吃着谷仓中的余粮时，我希望你的内心是充满喜悦的。直到天气阴沉的春季来临，你的家中仍有余粮，不需要求助于他人，而他人却将求助于你。

但如果你等到太阳回归时才耕种肥沃的田地，那么你将坐在地上收割，手里的东西少得可怜，捆起来只是一把乱草，还沾满泥土，你将感受不到一丁点儿喜悦。只要一只篮子，你就可以把全部收获统统装回家，没有人会羡慕你。不过，有的时候取决于宙斯的意愿，凡人很难知道。对你来说，耕种得晚一点，有可能也是一件好事。在橡树之间，布谷鸟第一次鸣叫，苍茫大地上的人类都为之高兴后的第三天，宙斯送来雨水，并且雨下个不停，直到积水刚好盖过牛蹄在地上留下的凹陷，不多也不少。这样一来，晚耕的人就有可能与早耕的人获得同样好的收成。你要把这一切牢记心间，尤其要注意天气阴沉的春季和季节性的降雨。

在冷得无法下田干活的冬季，不要驻足于铁匠铺子和人群密集的小酒馆。这时，勤劳的人会全身心投入自己的家室，以免严寒的冬天使自己贫穷无助。而你只能用消瘦的手去擦热自己肿起的脚。那些只会空想的懒汉，因难以维持生计而满心忧愁。对一个一无所有还贪图安乐的人来说，伴随他的是可怜的希望。夏天的时候，你就应该吩咐你的奴隶："夏天不会常驻，动手建造谷仓吧！"

要避开十二月和一月那些不幸的日子，这两个月中每天都可能有牛冻死。大地上,北风之神玻瑞阿斯吹着寒气,人类便会尝到霜天雪地的苦头。北风吹过马群遍地的色雷斯,吹到广阔的大海上,激起汹涌波涛,大地发出吼声。山谷中,枝繁叶茂的橡树和粗壮的松树被连根拔起倒在地上,茂密的森林发出呼啸,野兽们被冻得发抖,尾巴夹在两腿之间,甚至长有浓厚皮毛的动物也是如此,尽管它们胸前毛密,但呼吸的仍是冰冷的寒风。寒气甚至穿透了牛的皮层不受阻挡,也吹透了毛发细密的山羊的身体。但绵羊能够抵挡强大的北风的力量,因为它们身上有日积月累长成的羊毛。寒风使老年人冷得缩成一团,但吹不到娇嫩的少女。她们待在屋里,依偎在妈妈身旁,尚且体会不到女神阿佛洛狄忒的杰作:在一个寒冷的冬日,她洗完柔软的身体,涂上橄榄香油,躺在自己的房间里,而软体动物正蜷缩在自己没有生火也毫无生气的家里,啃着自己的脚尖。

你要在风华正茂的三十岁左右娶妻成婚,既不能太早也不要太迟。三十岁左右是合适的时间。在进入青春期之后,女性要过四年才发育成熟,到第五年就可以结婚。要娶一位少女,这样你就能教会她做好事。最好能娶一位邻近的姑娘,但要用心呵护婚姻,以免成为邻居的笑柄。没有什么比娶到一位贤惠的妻子更重要,也没有什么比娶一位品行恶劣的妻子更糟糕。好吃懒做、不顾丈夫死活的妻子会让她的丈夫过早地老去。

——赫西奥德《工作与时日》

●农民日历上的事项

在第二十天[①]的白天,应该有一个聪明人诞生。[②]这个人是最深谋远虑的。

每月第十天是男性降生的吉祥日,每月中旬第四天是女性降生的吉祥日。这天,你用手抚摸驯服的绵羊、长角的牛、牙齿锋利的狗和肥壮的骡子。但在上旬和下旬第四天,你要小心,避免发生令你痛苦的事情。这是一个性命攸关的日子。

每月第四天可以娶妻子过门,但要观察天空中是否有预示吉兆的鸟类。

要躲过每月第五天,因为这些天通常是艰难可怕的。据说,在某月的第五天,复仇女神欧墨尼得斯曾帮助誓约女神降生,誓约女神是不和女神厄里斯生的,是对伪誓者的惩罚。

在每月中旬第七天,要小心谨慎地把德墨忒尔赐予的谷物扔到圆形脱谷场上,然后让樵夫砍伐建房用的木材和适宜造船用的木料。

在第四天开始建造狭长的船。

每月中旬第九天的下午比上午好,而上旬第九天对人类来说是完全无害的。这天无论对于男性还是女性,

[①] 全年白天最长的一天。——原注
[②] 罗马人认为在白天出生是更好的兆头。——原注

都是出生的吉祥日，永远不会是一个凶兆日。

然而，因为几乎没有人知道每月第二十七天最利于打开酒坛，给牛、骡和马套上轭头，以及把多桨的船拖到大海上，所以很少有人说这是真实的。要在每月第四天打开酒坛。每月中旬第四天是最神圣的日子。此外，几乎没有人知道每月第二十天之后第四天的早晨最好，到了下午则欠佳。以上说的这些日子对生活在大地上的人类是一大恩典。其他日子则是变化无常的，无法带来任何东西。每个人都有自己偏爱的日子，但几乎没有人能说出究竟为什么。日子有时像继母，有时像亲娘。一个人能知晓所有这些事情，做自己本分的工作，不冒犯众神，这个人就能快乐，就能幸运。

——赫西奥德《工作与时日》

●提尔泰奥斯

亚里士多德在《政治学》中说：在贵族政体中发生动乱的原因是……一个城邦中一些人赤贫而另一些人奇富，尤其值得一提的是在战争时期发生这种情况。麦西尼亚战争期间的斯巴达就是一个很好的例子。提尔泰奥斯著名的诗篇《欧诺弥亚》也可以为此作证，诗中讲述了一些人遭受战争的压迫，要求重新分配土地。

帕萨尼亚斯："拉栖第梦人颁布了一项法令，因为在伊勒（麦西尼亚人占据的堡垒）耕种的土地比为自己耕种的还要多，所以当麦西尼亚和邻近的拉科尼亚处于战争时，麦西尼亚和邻近的拉科尼亚的土地便不用播种。这就导致斯巴达粮食不足，进而引发骚乱：麦西尼亚和拉科尼亚有土地的人无法忍受自己的土地撂荒。对这些人来说，提尔泰奥斯解决了他们的分歧。"

美丽的赫拉之夫宙斯，将斯巴达送给赫拉的后代。我们和他们一起离开了多风的厄林纽斯，来到广袤的珀罗普斯岛。①

对金钱的欲望只会破坏斯巴达。②因此，手持银弓的阿波罗从自己的圣殿降下神谕：尊重神的国王应该成为统治者，他们关心的是整个斯巴达。

●阿尔克曼

我歌颂着阿吉多的光芒，她像太阳一样，为我们闪耀着。她如此漂亮清秀，与众不同，仿佛是牛群中的一匹身形矫健的骏马。难道你没有看见吗？那匹快马来自帕夫拉戈尼亚。她的秀发像金，她的面庞像银。她是阿格西库拉，她的身型仅次于阿吉多。

---

① 这是最早关于"多利安人移民"的记载。——原注
② 这句话和其他证据可以看出，公元前7世纪的斯巴达的社会情况与公元前5世纪、公元前4世纪很不一样。——原注

●阿尔基洛科斯

我的长矛上有着揉搓好的面包,我的长矛上有着伊斯马洛斯的红酒,我靠在长矛上品尝着这红酒。[1]

在丛林中,我不得已抛下了盾,如今这成了某些萨伊人吹嘘的噱头。好在我没有丢了性命。至于盾,丢了就丢了,总有一天我会有更好的。

盖吉兹[2]怎么样我毫不关心,他那么有钱,我不眼红。众神的伟业,我不忌妒。更别提至高无上的权力了。这一切我都不放在眼里。

格劳克斯,快看,海面波涛汹涌。古赖角上空浓云密布。这是暴风雨来临的前兆。恐惧顿时涌上了心头。

●米姆奈尔摩斯

没有了黄金的阿佛洛狄忒,所有一切我都不再关心,只能死去……青春就好比绽放的花朵,对男人和女人都一样。一旦可悲的老年到来,曾经最清秀的人就变得丑陋不堪,连思绪都被忧愁占满,即便看着太阳也高兴不起来。老年人还受孩子的厌恶,受女人的轻蔑。这就是神为老年人安排的痛苦。

---

[1] 这首诗以一种激烈的方式展现了诗人当兵的生活。——原注
[2] 盖吉兹是当时吕底亚的国王。此诗表达了对欲望的节制。——原注

我们就像绿叶，在花朵绽放的春季发芽，在阳光的照射下快速长大。我们享受着短暂的青春时光，不知道众神的安排是好是坏。阴郁的命运之神站在我们身边，一个拿着令人苦恼的衰老，另一个拿着死亡。最好的时光一旦过去，活着还不如死了。你的心中将充满烦恼，家徒四壁，钱财散尽。又没有孩子，心怀不满，还不如直接去地狱。或者疾病缠身，精力消耗殆尽。所有人从宙斯那里都会获得足够多的苦难。

● **阿尔凯奥斯**

贵族与民主主义者之间爆发了激烈的冲突。人民被想当僭主的煽动家带领着。煽动家的首领便是密尔昔洛斯。阿尔凯奥斯是贵族一派中的天才人物，创作了如下著名的诗句来猛烈抨击密尔昔洛斯：

这个满嘴胡言的白痴，属于至高无上的阶级，拥有巨大的权力。他能够很快推翻整个城邦。危机已经临近了。

阿尔凯奥斯和其追随者共谋对抗密尔昔洛斯一事在新发现的一个残篇的注释中也得到了体现——"第一次流亡的情况是这样的：阿尔凯奥斯和他的追随者密谋陷害密尔昔洛斯，却以失败收场。他们便在接受审讯前逃到了莱斯沃斯岛。"

在逃亡期间，阿尔凯奥斯创作了下面这首诗。这首诗是写给一直恳求他回国的墨拉尼波斯的。诗人说，回家就像从冥王哈得斯的掌控中逃出地狱一样困难。西绪福斯曾经想要逃过死亡，却有着更可悲的下场。

> 致墨拉尼波斯：
>
> 墨拉尼波斯，你为什么想要和我肩并肩呢？换句话说，命运将我送到充满旋涡的地狱，我为什么还想要穿过地狱重见阳光呢？不，千万不要渴望成就伟大的事业。
>
> 风神埃俄罗斯之子国王西绪福斯想出一个无比绝妙的方法来逃避死亡。然而，他如此狡猾，还是又一次回到充满旋涡的地狱。克罗诺斯之子宙斯下令让西绪福斯成为世界上最悲哀的人。因此，我希望你不要再为这些事情哀叹了，哭喊永远都是徒劳的。显然，你需要有一颗坚韧的心才能够忍受这些事情。北边开始起风的时候，没有哪个熟练的水手会下海航行。

我们不知道在这之后多久，密尔昔洛斯去世了，可能是死于他人的暴力。阿尔凯奥斯欢天喜地地写出了如下诗句：

> 现在是属于美酒和喜悦的时刻，密尔昔洛斯终于死了！现在应该踏着愉悦和轻快的舞步，让大地作响，因为密尔昔洛斯终于死了！密尔昔洛斯终于死了！

在一次相似的内乱中，阿尔凯奥斯的经济状况不佳。他创作了如下的诗句：

国家的船

水手将所有货物都搬上了船，正在慢慢恢复体力。与此同时，被汹涌的海浪拍打着的船厌倦了，不再想同狂风暴雨斗争了。它愿意撞上某处暗礁，然后慢慢沉底。这是船所处的困境。但对我来说，我的伙伴们，我愿意忘记不愉快的事情，然后和你们及酒神巴克斯一起寻欢作乐。

春天

我感受到花团锦簇的春天即将来临，树木与葡萄藤慢慢苏醒。香甜的红酒倒满巨大的酒杯。为我戴上新鲜的莳萝编制的花环，以及用鲜花打造的皇冠。在我的胸前洒下香甜的香水，让我沐浴在芳香之中。

● 萨 福

萨福的一个学生阿提丝离开了，换了一个新的老师。新老师叫安德洛墨达。这一事件来自以下片段："阿提丝，现在你一想到我就充满愤恨，现在你追随安德洛墨达了。"萨福曾经还说道："阿提丝，我曾经爱过你，在很久之前。"下文是新发现的一个片段，来自一首不同的诗，其中的韵律不同，并且使用了第三人称，但主题是相同的。关于得体的概念，萨福与我们不同。她写的诗，既涉及厕所的细节，又有品尝美味佳肴的描述。然而，我们主要的兴趣在于萨福与这名学生之间的关系。

> 我的阿提丝没有回来，我的感受生不如死。她悲痛地哭泣着，抛下了我，说道："唉，萨福，我们的命运是如此悲惨。我发誓，离开你绝不是我内心所愿。"我回答道："高兴地离开吧，不要忘记我，因为你知道我对你是多么喜爱。如果有一天你忘了我，我会让你记起来我们在一起的欢乐时光。你在我身边，紫罗兰和玫瑰装点着你的秀发，数百朵鲜花组成的项链挂在你的脖子上。你用珍贵的精油涂抹着娇嫩的肌肤，然后躺在睡椅上，品尝着美味佳肴。"

● **摩西迪卡**（萨福曾经的学生）

下面的内容是写给萨福当时一名学生的，而它的主题是另一位学生——摩西迪卡。当时，摩西迪卡已经嫁给某个吕底亚贵族，在萨迪斯定居。这首诗可以让我们了解萨福的学校及莱斯沃斯与吕底亚的社会关系。

> 阿提丝，我们亲爱的摩西迪卡生活在遥远的萨迪斯，但她经常将她的所思所想写下来告诉我们，回忆我们共同生活的日子。那时，你在她的眼中是一位光彩夺目的女神，她最喜欢的就是你的歌声。现在，她在吕底

亚的贵妇中闪闪发光，就如同日落之后的星星。她将光芒洒向大海和花田，露水滴落在大地上，玫瑰苏醒，荷花绽放。当我们心爱的摩西迪卡想到她温柔的阿提丝，她的心中常常因渴望而产生痛苦，她哭喊着让我们去她的身边。她说的话穿过将我们分开的大海，我们听得一清二楚。

致一位不知名的女士

是的，你终将死亡，安静地躺在坟墓中。你的名字，随着时间的推移，将不为人所知。在皮埃里亚盛开的玫瑰，你也没法欣赏。你在冥王哈得斯的房屋中，无人知晓，没有光彩可言。你在昏暗的阴影中徘徊着，又常常消失在朦胧之中。

●最好的事便是心里喜欢的事

萨福当时应该正处于流放中，而阿那克托利亚和另一个女人则在米蒂利尼。阿那克托利亚爱上了一个士兵，从而忽略了身边的这位女性朋友。萨福写信给阿那克托利亚，感叹自己都没有机会与她身边的这位女性朋友亲密接触，而阿那克托利亚却选择忽视萨福。在这里，萨福可能将自己想象成了一名年轻男子。

有人说这世上最美好的事情是拥有一支骑兵部队，有人说是一支步兵部队，还有人说是海军舰队。对我来说，这世上最美好的事便是心里喜欢的事。这个道理很容易理解。海伦看尽了人世间的美，她认为最好的是毁灭特洛伊的人，她没有考虑孩子和父母，而是被爱情带入了歧途。女人总是容易动摇，即便是你，阿那克托利亚，不要忘了我们。我爱你轻快的步履，笑靥如花的脸庞，胜过吕底亚所有战车及步兵。我知道这个世界不会尽如人意，但铭记我们曾经共同拥有的一切好过将它忘记。

一首情诗

在我看来他像一个神，他坐在你面前，注视着你，静静地听你说话。那迷人的笑声，让我的心扑通乱跳。我只要看你一眼，立刻就说不出话来。我的舌头好像打了结，一股无形的火在我的身体里窜动。我的眼睛什么都看不到了，我的耳朵里一片轰鸣。我汗如雨下，四肢颤抖，脸色如秋天的荒草般苍白。我迷失在爱当中，仿佛就要死去。

●阿那克里翁

暴发户亚提蒙

金发的欧律派特对坐在轿中的亚提蒙产生了兴趣。亚提蒙曾经衣衫褴褛，两肋围着牛皮，穷困不堪，与卖面包的妇女和街上的妓女是朋友。但如今，他坐在马车里招摇过市，耳朵上是纯金的耳环，用的雨伞都是象牙骨架的，打扮得像个女人似的。

●塞奥格尼斯

你要记住,不要与坏人结交,要永远紧紧依附着好人[①]与他们同饮同食,与他们同坐。和高贵的人在一起,你会获得高尚的知识,而和坏人在一起,你甚至会丧失已有的认知。你要牢记这一点,然后和好人做朋友,有一天你一定会感谢我。

克尔努斯,没有哪个城邦是被好人毁掉的。它们都是毁于坏人的狂妄自大。坏人腐化了大众,为了获得权力和满足私利,做出不公正的判决。因此,可以肯定的是,尽管这个城邦现在还是风平浪静,但只要坏人想要获得以牺牲公共福利为代价的利益,它就不可能享有太长久的和平。派系斗争、同胞相残及独裁专制就是这样滋生的。但愿这个城邦永远不要有专制、独裁。

克尔努斯,城邦还是同样的城邦,里面的人却已经变了。从前,他们对正义与法律一无所知。他们两肋围着破破烂烂的山羊皮,像鹿一样在城外觅食。而现在,波吕帕斯之子克尔努斯,他们成了真正的好人!往日那些高贵的人现在反倒成了卑贱者。谁忍心看到这一切?

克尔努斯,我们挑选公羊、驴、马的时候,总是会选血统纯正的,并且要为它们选择血统优良的配偶。但

[①] 塞奥格尼斯的"好人"是指有贵族血统的人,"坏人"是指普通民众,无论是否富有。——原注

一个高尚的人不会拒绝与卑贱的女人结婚，只要她能给他带来许多钱。女人也不会拒绝成为一个卑贱男人的妻子，因为比起嫁给一个好男人，她更愿意嫁给一个有钱人。人们在乎的是钱，卑贱之人的后代与贵族结婚，卑贱之人又与贵族的孩子结婚①，财富把种族搅混了。因此，波吕帕斯之子克尔努斯，你不必感到惊讶，市民纯洁的血统已被玷污，好人与坏人完全混杂在了一起。

●西莫尼季斯

下文为一首碑铭诗：

陌生人，请转告斯巴达人，我们在此长眠，遵从了他们的命令。

陌生人，我们曾经生活在科林斯，但现在被困在阿贾克斯岛的萨拉米斯。

这里是阿迪曼托②的坟墓。因为他，希腊终获自由。

●致哈莫迪乌斯和阿利斯托吉顿的祝酒歌

祝酒歌指在希腊人的宴会上每个客人单独创作的、简短的诗

---

① 这种门不当户不对的婚姻令塞奥格尼斯恐惧。——原注
② 阿迪曼托是萨拉米斯战役中科林斯人的首领。——原注

歌，有时也可以用里拉琴为自己伴奏。这样的诗歌创作有一定的自由度，也允许使用不规则的韵律。下面的片段是雅典人卡利斯特拉托斯创作的。

我要将我的剑放在一块香桃木上，就像哈莫迪乌斯和阿利斯托吉顿一样。他们杀死了僭主[①]，让雅典成为一个人人平等的地方。亲爱的哈莫迪乌斯，我以为你没有死。他们说你在极乐岛上，阿喀琉斯和堤丢斯之子狄俄墨得斯也在那里。

我要将我的剑放在一块香桃木上，就像哈莫迪乌斯和阿利斯托吉顿一样。在雅典娜的公祭上，他们杀死了独裁者希帕恰斯。

亲爱的哈莫迪乌斯和阿利斯托吉顿，你们的名望会世代相传。因为你们杀死了僭主，让雅典成为一个人人平等的地方。

●发生在米利都的暴动

本都的赫拉克利德斯是柏拉图的学生，著有多部作品，涉及的主题包括文学、音乐、科学和哲学。他关于正义的著作共有三本，以下片段便选自其中。

[①] 哈莫迪乌斯和阿利斯托吉顿刺杀了僭主希帕恰斯。为了奖励这一行为，雅典的民主政府下令免除其后代的一切公共负担。——原注

由于市民奢侈和政治纷争,米利都陷入了不幸。富人与穷人形成了对立的两派。起初,穷人占据了上风,将富人驱逐出境,并且把富人的孩子集中在打谷场,然后放进一群牛,让牛将孩子活活踩死。他们企图用这种最残忍的方法将富人斩草除根。后来,富人回国,占据了上风,将之前身居高位的人统统烧死了。

——赫拉克利德斯《关于正义》

●早期雅典贵族的奢侈生活

虽然雅典人沉迷于奢华的生活,雅典却是一个伟大的城市,养育了许多心地高尚之人。雅典人身穿紫色衣服,外着刺绣长袍。他们将头发打成结,并别上金色的草蜢发饰。他们的身后跟着仆人,仆人手中拿着折叠椅子,以供他们随时坐下。他们都是英雄,在马拉松战役中获得胜利,并且可以对抗整个亚细亚。

——赫拉克利德斯《关于享乐》

●爱奥尼亚人的奢侈生活

以下选段中,阿忒那奥斯引用了《关于以弗所的戴安娜神殿》。《关于以弗所的戴安娜神殿》的作者是以弗所的德谟克里特斯,生活在希腊化时代。

卡利努斯曾经在挽歌中写道，生活在迈安德河岸边的马内夏人因过着过度奢华的生活而毁掉了自己。他的观点也得到了阿尔基洛科斯的肯定：马内夏这个城邦被以弗所人占领。

说到以弗所人，同样身为以弗所人的德谟克里特斯在谈到他们的矫情和身上穿的彩色衣物时，使用了这样的表达："爱奥尼亚人的紫袍和带有刺绣的藏红色衣服是众人皆知的。他们的帽子上也绣着各种动物的形状。他们还会穿一种叫'瑟拉佩'的衣服，有黄色的、红色的、白色的，甚至有紫色的。他们穿的长袍是用科林斯的工艺制作的。还有波斯长袍，是所有袍子里最好看的，以及一种叫'阿克达伊'的衣服，是波斯最昂贵的衣服，上面装饰着金色的粟米和谷物，人们用紫色的线固定这些粟米和谷物。"德谟克里特斯说，以弗所人使用的都是这样的东西。

以下选段中，阿忒那奥斯引用了萨摩斯的迪里斯的《萨摩斯年鉴》。萨摩斯的迪里斯是西奥夫拉斯图斯的学生，也曾当过萨摩斯的统治者。萨摩斯的迪里斯曾写下了长达二十九册的《历史》，从公元前371年的留克特拉战役开始记录。除此之外，萨摩斯的迪里斯还创作了其他作品，其中就有《萨摩斯年鉴》。

萨摩斯的迪里斯在描述萨摩斯人的奢华生活时，引用了阿西俄斯的诗句，以证明萨摩斯人曾在他们的手臂上佩戴臂环。在庆祝赫拉节的时候，他们会将头发精心梳过后脑勺和肩膀。"将头发梳好,像赫拉的崇拜者那样。"这句谚语证明了这是他们的习惯做法。

阿西俄斯的诗是这样描写的:

> 他们精心梳理头发,行进到赫拉神殿最神圣的地方。他们身穿华丽的长袍,头上别着金色的、草蜢形的发夹和花冠,手臂上佩戴着做工精细的臂环。他们高唱着对英雄的赞歌。

萨摩斯的迪里斯在他关于娱乐的专著中写道,萨摩斯人的生活是最奢华的,对彼此却十分吝啬,因此毁掉了这个城邦。锡巴里斯人也是这样毁掉自己的城邦的。

●锡巴里斯人

以下选段中,阿忒那奥斯引用了克利尔库斯的《生活》。来自索里的克利尔库斯是亚里士多德的学生。他写的《生活》至少包括八本书,内容包含了克利尔库斯对不同阶级人物的描写。这些对阿忒那奥斯来说都是重要的史料。

> 在锡巴里斯人中,洗澡侍从和倒水工需要戴上枷锁,以防止他们动作过快烫伤洗澡的人。同时,锡巴里斯人禁止从事嘈杂工作的人,如铜匠、铁匠、木匠等生活在城市当中。这样一来,市民的睡眠就不会受到打

扰。在城市内养鸡曾经也是违法的。

以下选段中,阿忒那奥斯引用了提麦奥斯作品的内容。

提麦奥斯曾写道,一次,在乡下,一个锡巴里斯人看见一个正在挖土的农民,说光是看到这个景象就感觉自己的骨头都要断了。听到此话的人回复说:"光是听到你这么说,我的侧骨都开始疼了。"一次,在克罗顿,几个锡巴里斯人看见身边的运动员正在清理竞技场的尘土,于是便惊叹这么大的城市竟然连个干活的奴隶都没有。还有一个锡巴里斯人,受邀前往拉栖第梦,坐在木凳子上与拉栖第梦人一起进餐,然后说道,起初,他惊叹于拉栖第梦人的英勇,但现在他来到这个城邦,并不觉得拉栖第梦人有多么优秀,因为胆小的人估计宁愿死都不愿意在拉栖第梦过这样的生活。

根据锡巴里斯人的传统,孩子即便长到成年,也要身穿紫色长袍,将头发用金饰卷起。他们还会在家中养马耳他犬,甚至会将它们带去竞技馆………

锡巴里斯人穿的衣服由米利都羊毛制成。因此,两个城邦建立了深厚的友谊。生活在意大利的所有人中,米利都人更喜欢伊楚利亚人。在所有外邦人中,米利都人更喜欢爱奥尼亚人,因为爱奥尼亚人喜欢过奢华的生活。在行军时,锡巴里斯的骑兵穿着藏红色的长袍。在夏天,年轻的军官会前往宁芙仙女的山洞,享尽各种奢华。

锡巴里斯的富人离开城市前往乡村时，尽管乘坐四轮马车，但本来一天的路程总会花上三天的时间。通往他们乡间别墅的小路上支起了遮阳棚，他们中的许多人在海边还有酒窖，他们通过运河将红酒——其中一部分是进口的——运往酒窖。他们会庆祝许多公共节日。在庆祝公共节日的场合中，表现得最豪华的人将获得金王冠，并且在公祭和比赛时他们的名字将得到宣扬，以赞扬他们卓越的表现和对城市的贡献。他们甚至会嘉奖那些能做出精致菜品的厨师。人们还发现，躺在锡巴里斯人的浴缸中会有温热的蒸气袭来……锡巴里斯人嘲笑那些离开自己国家在异乡旅行的人，同时炫耀自己一生都没有走过建在边境河流上的桥。

在我看来，除了自身富裕，国家的天然属性——岸边没有港口，所有物产都被国民消耗，以及神谕，都使锡巴里斯人陷入对奢侈的狂热。除此之外，锡巴里斯位于山谷中，夏天的早晨和夜晚都十分凉爽，而中午则炎热难耐。因此，锡巴里斯相信河流对他们的健康起到重要的作用。传说，想要长寿的人应该避免自己看见日落或日出……

以下选段，阿忒那奥斯引用了菲拉尔克斯的《历史》。菲拉尔克斯是一位希腊历史学家。他详细记载了公元前272年到公元前

220年,从皮洛士①远征伯罗奔尼撒到斯巴达国王克莱奥梅尼三世驾崩前这段时间的历史,共写了二十八册。但内容的可信性遭到了波利比阿的质疑。菲拉尔克斯写作时很喜欢偏离主题,以取悦读者或给读者道德指引。

菲拉尔克斯曾经写到锡巴里斯人生活奢侈不加节制,锡巴里斯人曾经立法规定女人也可以应邀参加宴会,而邀请者必须提前一年发出邀请,以给女人充足的时间准备相应的服饰和装饰品。如果某个制作甜食的人或厨师发明了一道出色的菜品,那么其他人在一年之内不准做相同的菜品。一年之内,菜品发明者将享受此菜品带来的所有利益。此举的目的是激励其他人也能够追求卓越。除此之外,法律规定售卖和捕捞鳗鱼的人也不需要缴税。

●锡弗诺斯岛的矿产

前来攻打波利克拉特斯的萨摩斯人得知拉栖第梦人要抛弃他们时,便离开萨摩斯,到锡弗诺斯去了。当时,这些萨摩斯人极度缺钱,而锡弗诺斯人正处于最繁荣的时期,并且是岛上最富有的居民,因为在他们的岛上有金矿和银矿。锡弗诺斯人是如此富有,以至于他们

---

① 伊庇鲁斯国王,生于公元前318年,死于公元前272年。——译者注

将自己收入的十分之一献给德尔斐。这是最丰厚的献礼之一。矿产带来的收入每年都会分配给居民。锡弗诺斯人积累财富时,便会求神谕,问这种幸运是否会持续下去。女祭司做出如下回答:

"在锡弗诺斯,当执政团的座位变成白色,你们的市场也被白色包围的那一天——那时你们需要一个真正的预言家来贡献他的智慧——一些藏在木头,也就是船里的伏兵和一个身穿红色的使者将前来进攻。"

而当时,锡弗诺斯的市场和城市公共会堂都是用帕罗斯的大理石装饰的。

——希罗多德《历史》

●萨索斯岛的矿产

在这之后的第二年,大流士大帝就从萨索斯岛的某些邻邦那里得知岛民正准备叛乱。于是,大流士大帝便派使者到萨索斯人那里,命令萨索斯人毁掉围墙并把他们的船带到阿布戴拉来。萨索斯人曾经受过米利都的希司提埃伊欧斯的围攻。当时,萨索斯人拥有丰厚的收入。因此,他们便用钱修造了战船并建立了更坚固的围墙。萨索斯人的收入一部分源于大陆,一部分源于矿产。萨索斯人掌握着斯卡普特-海勒金矿,年产值高达八十塔兰特。萨索斯本土的矿山虽然产量较少,但带来的收入十分可观。萨索斯人不需要缴纳土地税,来自大陆和矿山的收入每年大概有二百塔兰特,收入最高的时候则高达三百塔兰特。

——希罗多德《历史》

第2章

希腊社会的各个方面

(公元前479年到公元前404年)

Aspects of Hellenic Society

(479—404B.C.)

●一位贵族同龄人眼中的西蒙与伯利克里

希俄斯岛的艾昂是西蒙与伯利克里的同龄人,死于公元前421年或在这之前不久。除创作戏剧和各种形式的诗歌外,艾昂还撰写了一部作品《旅程》。如果此书能够被完好地保存下来,一定会有利于我们更好地了解西蒙与伯利克里这两位伟人的生平,以及那个年代的社会状况。而现在,我们只能依靠普鲁塔克对《旅程》的部分引用来了解。在雅典的时候,作为一个贵族及斯巴达的狂热爱慕者,艾昂自然被西蒙和他的圈子吸引,但无法忍受伯利克里的朴素和严厉。以下内容中,普鲁塔克引用了艾昂的《旅程》。

艾昂告诉我们,在他还是一个年轻人的时候,就从希俄斯岛来到了雅典,有幸在拉俄墨冬家中与西蒙共进晚餐。饭后,人们要求西蒙为大家高歌一曲。西蒙的献唱非常成功，在座的客人对他赞不绝口并纷纷夸奖他比塞米斯托克利还要高明。因为塞米斯托克利总是宣称自己不会唱歌，也不会演奏乐器，只知道如何使城市富足而强大。后来话题转到西蒙做出的功绩，人们纷纷讲述了他们自己认为最重要的事迹。随后，西蒙本人讲述了他认为自己做的最足智多谋的一件事。在提洛同盟的军队占领了塞斯托斯和拜占庭之后，大量波斯人被俘虏，大家让西蒙主持战利品的分配事宜[1]。西蒙把俘虏归为一类，把俘虏身上的衣服和珠宝归为另一类，让各城邦从二者中选择。各城邦抱怨说这种分配不均，西蒙便让他们优先选择，雅典就是拿剩下的也会感到满足。萨摩斯的西罗菲卢斯建议各城邦不要选择波斯人，而是选择他们的财产，所以各城邦选择了衣服和珠宝。人们都认为西蒙的分配十分荒谬，各城邦运走无数黄金手镯、臂镯、项圈和紫袍，而雅典人只有赤身裸体的俘虏，这些俘虏甚至都无法当劳工。但没过多久，俘虏的亲戚和朋友都从弗里吉亚和吕底亚来到雅典，每个人都花了很高的赎金赎回俘虏。西蒙用这种方法增加财源，不但解决了整个舰队四个月的支出[2]，还省下了很多钱上缴雅典的国库。

艾昂告诉我们西蒙不是一个难看的人，他身材高

---

[1] 提洛同盟的一个目标就是通过掠夺波斯来获得财富。——原注
[2] 当时，一个水手一天的工资大约为六分钱。——原注

挑，头发浓密。

——普鲁塔克《西蒙传》

在厄非阿尔特与西蒙关于是否要援助拉栖第梦人对抗起义的奴隶的辩论中，西蒙支持拉栖第梦人说的话，艾昂应该也是当时的听众之一。

艾昂记录下了对雅典人影响最大的这场辩论，他说西蒙恳请人们不要让希腊变成一个跛子，也不要让这座城市丧失一个并驾齐驱的伙伴①。

艾昂认为伯利克里说话时专横无理，目空一切，他的骄傲中包含着对他人的鄙视。②但艾昂赞美西蒙的演说是文明的、理智的、华美的。

以下片段都出自艾昂的《旅程》。

> 征服萨摩斯后，伯利克里回到雅典，为在战争中阵亡的同胞举行了隆重的葬礼。在葬礼上，他按照惯例发表演讲，获得了大家的称赞。当他走下演讲台时，在场的妇女纷纷向他致意并为他佩戴花冠和饰带，仿佛他是一个获胜的运动员。但一个叫艾尔平尼斯的妇女靠近他

---

① 在公元前462年的这场辩论中，西蒙获胜了，他亲自指挥了这场援助，共派出四千名重步兵前往伯罗奔尼撒。所引文字表现出西蒙直接、不加修饰但有力的演讲技术。——原注

② 显然，艾昂对伯利克里是有偏见的，并不能公正地对他做出评价。此段文字以及接下来的文字让我们了解了伯利克里在政治生涯中面临的敌意。——原注

对他说:"你做得真好啊,伯利克里,真是无愧于我们献上的花环。就是因为你,许多勇敢的公民阵亡了,他们不像我弟弟西蒙一样死于对波斯人或腓尼基人的战争,而是死于一个与我们有血缘关系的联盟。"听完这话,伯利克里笑了笑,然后用阿尔基洛科斯的诗做出回答:"老妪生鹄面,难寻幽香身。"

艾昂说攻打萨摩斯的胜利使伯利克里的虚荣心越发膨胀,阿伽门农花了十年的时间才占领了一个异邦城市,而他只花了九个月的时间就让自己成为爱奥尼亚最强大城邦的主人。

●伯罗奔尼撒战争中的乡下人

赫尔墨斯:你们这些劳动人民,从山谷和平原来到这里,肯定做梦都没想到自己被出卖了。他们失去了葡萄园,失去了无花果树,把所有的希望都寄托在那些演说家的身上。这些人明知你们正在受穷挨饿,失去了所有的生活供给,却叫嚣着赶走了和平女神厄瑞涅,尽管和平女神厄瑞涅对我们的城邦充满了爱。然后,他们用诉讼去敲诈你们富有的盟友,在你们的耳边低语"他们投靠了拉栖第梦的将军布拉西达斯",于是你们如同猎犬般向那些人扑去。疾病和惊骇让整个城邦面目苍白,瑟瑟发抖。直到最后,你们的朋友发现了伤口的来源,才用黄金堵住了那些罪恶之人的嘴巴。这些无赖就这样发了财，希腊却一步步走向衰败。这一切都是那个皮革商①造成的。

特律盖奥斯：小点声，小点声，赫尔墨斯，千万不要这么说。不管这个人在下面的什么地方，让他安静地待着吧。他已经不属于我们了，他现在完全属于你。因此，不管你怎么称呼他——无赖、奴隶、吵闹者、诬告者、麻烦制造者、搅屎棍——你叫的都是一个完全属于你的人。

——阿里斯托芬《和平》

●军官对农民的不公正对待

农民：他们在家时所做之事简直让人无法忍受。他们任意编造名单，随意添加或删减名字。明天士兵就要离开了，一个可怜人还没有带上粮食，因为他不知道自己将要出征，直到在潘蒂翁②的雕像上看到了自己的名字，便马上飞奔而去。他们就是这样对待农民的，对待城里人要相对好一些。这些不敬神的卑鄙小人，不知廉

---

① 这里是指克里昂。公元前422年，他在与布拉西达斯的交战中死亡。——原注
② 雅典十个部落英雄之一，他们的雕塑位于雅典市场的中心，包括征兵名单在内的公共告示，都张贴于此。在出发之前，每个士兵都要为自己准备好三天的粮食。——原注

耻的弃盾者[1]。有一天，如果众神显灵，我一定要找他们算账，因为他们将我害得好惨。他们在家是狮子，在战场上就成了狐狸。

——阿里斯托芬《和平》

●如果和平能够降临

农民：但愿我有幸能看到这欢庆的日子。我已承受了太多的痛苦与忧愁，就像福尔米翁[2]遭受的那样。这些令人疲倦的时刻结束，今后我再也不会如此忧郁、苦闷、无情与严厉了，你会发现我变得顺从了，重新变成了一个温柔的年轻人。我们经历了太多的磨难与悲伤，我们的内心早已千疮百孔。

——阿里斯托芬《和平》

●和平降临

总有时间让你们尽情欢笑，痛快地大喊大叫。航海、睡觉、大吃大喝、观光游玩，或者玩泼酒游戏，或者发出嘚嘚的欢呼。你们可以像锡巴里斯人一样，放荡自

---

[1] 这些军官因胆小而在战场上丢弃了盾牌。对希腊人来说，这是最大的耻辱。——原注
[2] 雅典著名的海军军官。——原注

在地度过每一天。

……

赫尔墨斯：看那里，和解了的城邦在相互问候致礼，人们平和地交谈，发出喜悦的笑声，他们的眼睛肿胀乌黑，他们的手中还拿着拔罐的器皿。

特律盖奥斯：是的，看看那些观众，光凭他们的外貌就能知道他们做什么生意。

赫尔墨斯：天呐，你有没有看到那个羽饰匠正在揪自己的头发？那里还有一位卖干草叉的，咦，他正在用手指弹那个磨剑匠。

特律盖奥斯：看那镰刀匠多么高兴，戳着擦矛匠，和他开着玩笑。

……

特律盖奥斯：我们一边倒酒一边祈祷："愿今天成为希腊幸福生活的开始，愿今天做苦力的人永远不需要再次拿起盾牌！"

歌队：愿他和平地度过幸福时光，靠着炉火，身边是他的爱人。

特律盖奥斯：如果有人喜欢战争，就让酒神狄奥尼修斯使他从自己的骨头中挑出矛头。

歌队：如果有人不愿看到和平的回归，而是想当指挥官，愿他像利奥尼穆斯一样在战场上狼狈不堪。

特律盖奥斯：如果卖矛或盾的人希望通过战争使自己谋利，愿他被贼抓住，去吃生的大麦。

歌队：如果将成为将军的人不帮助我们，或者哪个奴隶准备逃跑，愿他遭受鞭打和车裂，而我们依旧可以欢呼雀跃。

……

有了奶酪，有了洋葱，头盔再无用武之地。这是多么快乐的事情啊。我不用再经历战争了，我可以和我的朋友喝着美酒，过着欢乐的日子。我们围坐在炉火边，晒干的木头燃烧得正旺。在未烧尽的木炭上，我烤着豌豆和栗子。

——阿里斯托芬《和平》

●回到乡下

特律盖奥斯：太好了，所有农民都可以回家了。带上你们的种地工具。你们可以丢下手中的剑和矛了。周围充满了和平带来的礼物，你们可以唱着赞歌，回到地里耕作了。

（旁白）这是一切农民和正直的人盼望的日子啊，它终于到来了。我迫切地想要见到我的葡萄藤，以及我年少时种下的无花果树。经过如此漫长的时间，我很想快点见到它们。首先，朋友们，让我们向女神表达感谢，她让我们摆脱了戈尔昂①和让人恐惧的盔饰。然

---

① 盾牌上常见的图案。——原注

后，购买一些乡下人喜欢吃的咸菜，带上它们快快乐乐地回家。

赫尔墨斯：啊，波塞冬作证，他们的队伍多么紧密有序，就像圆形的饼干，或者节日里熙熙攘攘的人群。

特律盖奥斯：是的，宙斯作证，鹤嘴锄闪烁着光芒，干草叉在阳光下熠熠生辉。他们将用这些工具清理葡萄园。我也迫不及待地想要回到我的农场，用锄头翻耕长期无人照顾的犁沟。伙伴们，想想和平曾经赐予我们的千万种快乐和简单舒适的生活。无花果、橄榄、美酒、桃金娘、风干的甜美果实、在喷泉旁盛开的芳香紫罗兰。这些场景让我们向往，我们太久不曾享受过这样的喜悦了。伙伴们，和平女神回来了，让我们用舞蹈和歌声欢迎她！

——阿里斯托芬《和平》

●庆 典

议员们，长官们，现在你们看见了"庆典"。还记得它给我们带来了多少欢乐，多少消遣，多少盛宴。看，它为我们带来了烤肉架。烤肉架有点被熏黑了，因为在和平时期议事会曾将锅放到了上面。让我们欢迎庆典，明天早晨就可以进行竞技比赛了。然后，我们要以各种方式尽情享乐——拳击比赛，摔跤比赛，身上涂满油的小伙子将角斗。第三天，我们将举行马车比赛，参赛者疾驰着，直到撞上转弯处的标杆。他们摔到地上，人仰马翻。到处能看到痛得满地打滚的、倒霉的骑手。

——阿里斯托芬《和平》

●一个雨天

农民们：当种子下地，神送来一场及时雨，某位邻居过来串门，没有什么比这个更幸福了。"科玛齐德斯，"他向我喊道，"我们该做点什么呢？""天下着雨，应该喝上点小酒。亲爱的妻子，请炸三夸脱①云豆，然后将它们和大麦混在一起，再准备好上等的无花果。西拉，快跑去把摩尼找来。今天不是磨磨蹭蹭修剪葡萄藤的日子，也不是松土的日子，土地已经湿透了。把家里的田鸫拿出来，再拿出两只金翅雀，以及一些牛初乳和四块野兔肉。唉，就怕昨天晚上猫把它们叼走了，我听见储藏室里有一些窸窸窣窣的声音。如果你找到它们，给父亲留一块，剩下三块拿给我们。让埃斯基纳德斯给我们几枝新鲜的桃金娘，路过科玛齐德斯家的时候再把卡瑞纳德斯也叫来，我们坐在一起畅饮，愿众神保佑我们的劳动成果。"

——阿里斯托芬《和平》

---

① 容量单位。——译者注

●阿波罗神殿中的公仆

通常,私生子和穷人家的孩子会被丢到公共场所,他们不是惨死街头,就是被路人带走。只有在少数情况下才会被收养,通常沦为奴隶。在神话中,雅典国王厄瑞克乌斯的女儿克瑞乌萨偷偷地生下了儿子伊昂。克瑞乌萨将伊昂放在柳条编织的篮子中,丢在卫城北部山坡的洞里。赫尔墨斯应阿波罗的要求解救了这个孩子并将他带到德尔斐,把他放在阿波罗神殿的入口。下文叙述了接下来发生的故事。

> 赫尔墨斯:为了帮我的兄弟洛克西阿斯,我捡起那编制的摇篮带走,把孩子放在这神殿的台阶上,揭开那柳条篮的盖子,好让人看见孩子。在太阳神阿波罗刚套好马车动身出行时,一个女祭司正好走进神的圣殿。当她的目光落到这不会说话的孩子身上时,她不觉吃了一惊,哪个德尔斐女子敢把私生子丢到神的家里来。她本想把孩子扔到神殿的墙外去,但怜悯之心驱赶了这种狠心的想法。再加上神的暗中帮助,孩子终于没被逐出神殿。她收养了孩子,不知道福玻斯是他的父亲,也不知道谁是她的亲生母亲,孩子也不知道自己的父母是谁。小时候他就在这养育他的祭坛周围奔跑玩耍。长大成人之后,德尔斐人就任命他为神的金库的会计和商店的服务员。所以,直至今日,他在神殿里一直过着圣洁的生活。与此同时,孩子的母亲克瑞乌萨嫁给了苏托斯……

婚后很多年，苏托斯和克瑞乌萨都没有孩子，为此他们来到阿波罗神殿求子。洛克西阿斯正在把他们的命运引向与这个孩子相见，他没有像有些人以为的那样把事情忘了。洛克西阿斯将把自己的儿子交给正在走进圣殿的苏托斯，宣布他是孩子的父亲。这样一来，孩子就到了母亲家里，被克瑞乌萨承认。于是，洛克西阿斯的婚事变成了秘密，孩子也得到了属于自己的权利。洛克西阿斯给孩子取名伊昂，全希腊都用这名字称呼他。他将成为亚细亚一个王国的建立者。

伊昂：太阳神已经用光芒四射的四马战车照亮大地，群星躲避空中的火焰，逃入神圣的夜里，无人能到达的帕纳索斯群峰闪耀着光芒，为凡间的人迎接白天的车辆。来自沙漠的香料焚烧的香烟袅袅升上福玻斯的屋顶。德尔斐的女祭司坐在神圣的三角鼎上，向希腊人大声诵出阿波罗告诉她的话。"啊，你们，为福玻斯服务的德尔斐人，到卡斯塔利亚泉银色的旋流去，在它纯洁的水里洗个澡再走进神殿！要保持敬畏的沉默，对那些求签问卜的人要说吉利的话。我用带神圣花环的桂枝扫帚打扫福玻斯神殿门前的道路，把水洒在地上。这是我从小一直在干的工作。我还会用我的弓箭赶走污损神圣贡品的鸟群。我为福玻斯神殿服务，因为这是养育我的地方，我是一个孤儿，没有父母。"

——欧里庇得斯《伊昂》

克瑞乌萨的女仆进场，每个人都对神殿的绘画和雕塑装饰大加赞赏。

女仆一：并非只在神圣的雅典城才有饰以美丽圆柱的神殿和对护路神的崇拜。在勒托之子洛克西阿斯的圣地也有美丽灿烂的神殿。

女仆二：看，看这个，宙斯之子赫拉克勒斯用金弯刀杀死勒尔涅[①]的水蛇。朋友，快看他！

女仆一：我看到了。在他身边还有一个人，这人手里举着点燃的火把。他是谁？他是不是我在织物上织的那个英雄伊俄拉俄斯[②]？他和宙斯之子赫拉克勒斯合作，分担他的劳累呢。

女仆三：再看这个人，骑在飞马上，正在杀那个喷火的三身怪物呢[③]。

女仆一：我都快看不过来了。啊，快看这石砌的墙壁上刻着的巨人之战的场面吧。

女仆四：是的，朋友们，我正在看呢。

女仆五：你看见她[④]在对恩克拉多斯挥舞她带有蛇发女怪戈尔昂头颅的盾牌吗？

---

① 勒尔涅临近阿尔戈斯，是赫拉克勒斯杀死九头蛇的地方。——原注
② 伊俄拉俄斯是赫拉克勒斯的同族，同时是赫拉克勒斯忠诚的伙伴。——原注
③ 柏勒罗丰杀死吐火兽。——原注
④ 雅典娜，绰号帕拉斯。——原注

女仆六：我看见帕拉斯，我的女神了。

女仆七：你看见宙斯远掷的手里两根冒火的霹雳棒了吗？

女仆八：看见了，我看见他用电火烧了弥马斯[①]。

女仆九：我还看见狂欢之神狄奥尼修斯用常春藤制成的酒神杖杖杀了大地女神的另一个儿子，酒神杖可不是用来打仗的。

女仆一：你这神殿旁的人，请问你，我们可以光着白嫩的脚跨过门槛走进神殿吗？

伊昂：不可以，外地的女人们。

女仆十：我可以向你打听一件事情吗？

伊昂：你想打听什么？

女仆十一：福玻斯神殿真建在全世界中央吗？

伊昂：是的，它饰着花冠，繁华绚丽。

女仆十二：传说正是这样。

伊昂：如果你有什么要问福玻斯，在神殿前献一个饼，你就可以进神殿，但不能进内殿，除非宰献一头羊。

女仆十三：我都知道，我们无意僭越神的礼法，外边的东西就够赏心悦目的了。

伊昂：凡是可以看的，请尽情地看吧。

女仆十四：女主人放我出来，看看神殿。

伊昂：你们是谁家的女仆？

[①] 弥马斯是一个巨人，正如文中描述的那样，被霹雳击中而死。——原注

女仆十五：帕拉斯居住的地方便是养育我的主人的家，瞧，你问的那人现在来了。

克瑞乌萨入场，与伊昂的长篇对话揭示了她内心的紧张。因此，伊昂请阿波罗解释克瑞乌萨做的错事。神应该遵守他们为人类立下的法律。

伊昂：这外邦女人为什么一直在用隐晦的话责怪神呢？难道是因为有什么必须保密的事情要隐藏？但厄瑞克乌斯的女儿和我有什么关系呢？毫无关系。我还是去放水盆的地方，用金的水瓶往盆里倒水去吧。但我一定要告诉福玻斯发生的事情，有人强奸了少女，把她抛弃了，少女偷偷地生了孩子，不管孩子的死活。啊，福玻斯，别这样！既然你是强者，做事就要讲道德。凡间的人，无论是谁，只要做了恶，神就惩罚他。你是给凡人制定法律条文的，自己却被检举犯法，这样公正吗？如果——这是不会发生的，我只是举个例子——你，波塞冬呀，还有天王宙斯因为强奸要给凡人付罚金，为了抵偿罪过，你们会把你们的神殿花空的。要知道，你们没有分寸地追求快乐是不对的。说人类罪恶是不公道的，因为人类只不过是在模仿众神的"美德"。这些都是神教给人们的。

没过多久，苏托斯入场，阿波罗命令苏托斯指认伊昂为自己的儿子,然后带领伊昂一同前往雅典,在雅典融入公共生活,然后继承王位。

伊昂:人们告诉我,雅典城的光荣属于本地人,外来人没有份①。我来到雅典带着双重的不体面:父亲是外来人,我自己是私生子。受着这种指责,在还没有力量的时候,我将被叫作"一文不值的父亲的一文不值的儿子"。如果我挤上了城邦的最高位,企图成为一个名人,我就会受到无能者的忌恨,因为优胜总是令别人不痛快。那些有德有能却明智地保持沉默,不热心过问的正直之人也会笑话我,认为我傻,不懂得在一个爱挑剔的城邦里保持安静。我如果要在那些执掌城邦大权的名人中赢得一席之地,忌妒的投票会阻碍我的前进。父亲啊,事情常常如此发生。那些掌握政权、出名的人对自己的竞争对手是最狠毒的。我作为一个外邦人来到别人的家里,女主人没有孩子,她从前有你和她共担不幸,如今只好独自痛苦地承受全部不幸。那时我怎么没有受到她正当的憎恨呢。当我承欢在你的膝下,她却没有子女,痛苦地望着你的所爱。你必须做出选择:是抛弃我去体贴你的妻子,还是看我毁了你的家。有过多少这样的案例呀:妻子找来致命的毒药杀害自己的丈夫!再说,父亲啊,我也怜悯你的妻子年老无子。不,一个出

---

① 雅典几乎不给予外来人公民资格。——原注

身高贵的女人受着无子的痛苦，这是不应该的。

我们盲目称赞的王权，表面上美妙，骨子里可悲。在担惊受怕、战战兢兢中度过自己的一生。这样的人有谁是幸福快乐的？我宁愿做个平民，享受属于自己的幸福，而不愿做一个国王，喜欢和坏人交朋友，憎恨好人，时刻担心遭人杀害。你也许会对我说，金钱能解决这些问题，富有就快乐。但我不爱手里紧攥着钱，耳朵听人家骂，我不爱惹麻烦。我愿有适中的财富，没有烦恼。父亲啊，请听听我在这里享受过的幸福吧：这里有人们喜欢的闲暇，只有适中的麻烦；没有坏人把我挤到路外去。给坏人让路，对他们屈服，是不可忍受的。我的职务就是向神祈祷，和人交谈。帮助他们高兴，解除他们的悲伤。我送走了这批客人，又迎来了那批客人。我因总是面对新的面容而感受新的快乐。在为神服务中，习俗和天性让我拥有了正直的品性——这是许多人都希望拥有的，虽然这可能不是他们的本意。考虑到这一切，父亲啊，我认为这里比雅典好。让我过我自己的生活吧！因为享受大的幸福或满足于小的幸福，对我来说一样快乐。

●各种社会习俗的起源

在以下内容中，阿忒那奥斯引用了克里底亚。

泼酒游戏①源于西西里。游戏要泼洒杯中剩余的酒。然后是美丽奢华的西西里马车……扶手椅来自色萨利，是最奢华的座位。用于休息的睡椅则是米利都和希俄斯岛生产的，比较有知名度。托斯卡纳的手工艺品中最出色的是金杯和铜制品。腓尼基人发明了可以保存语言的文字……

所有人都要用同一个酒杯喝酒，这就是斯巴达的习惯……

一个吕底亚人发明了高脚杯……大量饮酒后，他们开始口齿不清，身体虚弱，眼前发黑，记忆衰退。他们没有任何理智了，开始像奴隶一样放纵。

但拉栖第梦人喝酒只喝到心情愉悦，适可而止。这样的饮酒习惯对身心皆有好处，并且有助于睡眠。

●人类奇异的力量

奇异的事物虽然多，却没有一件比人更奇异。他要在狂暴的南风下渡过灰色的海，在汹涌的波浪间冒险航行。不朽不倦的大地，最高女神，他要去搅扰她，用变种的马耕地，犁头年复一年、来来回回地耕地。

他用充满网眼的网兜捕那快乐的飞鸟，凶猛的走

---

① 在宴会中，泼酒游戏十分盛行。人们要将杯中剩的酒泼入金属盂中，但不能洒出。——原注

兽，海里的游鱼——人真是聪明无比。他用技巧制服了居住在旷野里的猛兽，驯服了鬃毛蓬松的马，将轭套上了它们的脖子。他还把不知疲倦的山牛驯服了。

他掌握了怎样运用语言和像风一般快的思想，怎样养成社会生活的习性，怎样在不利于露宿的时候躲避暴风骤雨。什么事他都有办法，对未来的事同样有办法，甚至难以医治的疾病他都能设法避免。只有死亡无法逃脱。

在技巧方面，他有发明的才能。发明的才能有时使他走厄运，有时使他走好运。只要他尊重地方的法令并向天神发誓要主持正义，他的城邦便能耸立起来。他如果胆大妄为，犯了罪行，就不会拥有城邦了。我不愿这个为非作歹的人在我家做客，不愿和他同流合污。

——索福克勒斯《安提戈涅》

●女性的自我牺牲

在伯利克里时代，雅典女人的社会自由受到了限制，人们会想尽办法将女人限制在家中。大多数女人都是靠着一种自我牺牲的精神做到这一点的，而这种精神最好的体现者就是阿尔刻提斯。

阿德墨托斯是一个色萨利的地主。阿德墨托斯除非能找到人来代替自己，否则必死无疑。他苦苦哀求自己的朋友、亲戚，甚至是父母来代替自己下地狱，却都遭到了拒绝。而此时，他的妻子阿尔刻提斯愿意代替他死，尽管阿尔刻提斯如此怯懦。尤其有趣的是下文中两人因再婚而产生的情绪。

阿尔刻提斯：阿德墨托斯，你既然看见了我的实际情形，在我死去之前，我要向你说明我的心思。我因为尊重你，所以牺牲了自己的生命，使你看见阳光，我本可以不替你死。虽然我可以在色萨利人中再挑选一个我喜欢的丈夫，住在宫中享受王族的幸福，但我不愿意离开你，孤苦伶仃地带着儿女活下去。我虽然正享受着青春的礼品，但并不吝惜。然而，你的亲生父母都抛弃了你。他们已经享受了那样的高寿，即便是死了也没什么可惜，为了拯救他们的儿子，死去也是光荣——你是他们的独生子，如果你死了，他们也不可能再生一个儿子。这样一来，我可以和你活下去，尽了余年，你也不至于失去你的妻子，带着孤苦伶仃的儿女痛哭悲伤。这一定是哪位神造成的，事情才会这样。唉，为这事，你对我应怀着感激之心，我要求的并不是一个相称的报答，因为任何事情都没有生命宝贵。我的要求是很公平的，你也得承认。我爱这一双儿女，我对他们的爱并不比你少，所以要让他们做家里的主人。千万不要给他们找一个继母，继母总是比我坏。忌妒会让她伸出手来打我和你的孩子。我求你不要这样做，因为继母对原配的儿女总会怀恨在心，比毒蛇好不了多少。我的儿子倒有父亲做坚强的后盾。

阿尔刻提斯转向女孩：但你，我的女儿，你该如何好好长大成人？同你父亲结合之人会是个什么样的继母啊？恐怕正当你的青春时期，她会抛一点有损名誉的流言在你身上，破坏你的婚姻。再也没有母亲给你主持婚礼，等到你生产时前来鼓励你，那个时候只有母亲最仁慈了。我将要死去，这祸事并不等明天或后天才落到我身上，我立刻就要归入那不再生存之人的队伍了。永别了，愿你们幸福。我的丈夫，你可以到处炫耀你娶了一个最贤良的妻子。孩子们，你们也可以炫耀，你们出自一个最贤良的母亲。

（旁白）你请放心，我敢替他答复，他一定这样办，只要他的心神还没有错乱。

阿德墨托斯：这事情一定照办，一定照办，你不必担心！既然在你活着的时候我得到了你，你死后依然会被称为我唯一的妻子，没有一个色萨利新娘会代替你叫我丈夫，也没有别的女人会这样，无论她的门第多高贵，或者她的容貌多出色。我的儿女已经够了，我祈求神让我享受这种天伦的欢乐，虽然我再不能从你那里得到一点快乐。啊，夫人，我不仅为你要尽一年的哀悼，而且哀思将与我的生命等长。我憎恨那生我的母亲，也怨恨我的父亲：他们只是口头上爱我，不是真的爱我。你却献出你最宝贵的东西，拯救了我的性命。我失去了你这样的妻子，怎么能够不痛心。我要停止一切玩乐、和朋友的聚会，花冠和这宫中洋溢的音乐也要取消。我再不弹竖琴，或者合着埃及的笛声高唱，因为你已带走了我生活中的欢乐……你即便是出现在我的梦里，也会让我无比快乐。因为一个亲爱的人，无论是在什么时候相见，都是甜蜜的，即便是在夜里。

如果我拥有了俄耳甫斯的嗓音与琴声，能够唱着颂歌去感动德墨忒尔的女儿珀耳塞福涅，或者珀耳塞福涅的丈夫，把你从地狱中解救回来，我一定到下界去。在我还没有把你的生命送还人间之前，即便是冥王的猎犬或摇着桨渡送阴魂的卡戎也无法阻挡我。如今只好请你在那里等候，等到我死时，为我预备一个住处。这样一来，我们又可以住在一起了。我会叫孩子们把我们合葬在一口杉木棺材中，使我的躯体躺在你身边。即便是死后，我也不和你分离，不和我这唯一忠诚的妻子分离。

——欧里庇得斯《阿尔刻提斯》

以下片段赞扬了牺牲自我拯救丈夫的阿尔刻提斯，并且对未来的生活表达了一些有趣的观点。

阿德墨托斯：这长久的悲伤，这为逝去的亲人发出的哀痛啊！

阿德墨托斯转向仆人：你为什么挡住我跳进那坟墓的空处，挡住我同她，同那最贤淑的女人躺在一起呢？这样一来，冥王可以同时抓住两个——不只是一个——最忠实的灵魂，让他们一同渡过冥间的湖水。

仆人：我有个亲戚，他家里死了一个儿子。多么令人哀痛啊。他虽然绝了后，但很安静地忍受着灾难。他如今到了高龄，鬓发已白了。

阿德墨托斯：这宫廷啊，我怎么进去呢？我的命运已经如此不堪了，怎么能再住在里面呢？哎呀，这是多么大的分别！我先前点着佩利翁山的松木火炬，在婚歌歌声里偕着我亲爱的妻子进入宫门，于是欢呼的队伍跟着进来，祝福新郎和新娘——她现在死了——说我们双方门第很尊贵，说我们两人品格很高尚，真是好姻缘。但如今，婚歌换成了哀乐，洁白的衣裳换成了黑色的丧服。就这样把我送到空床上去。

仆人：这悲哀来到你身边时，你正当好运，从没有受过痛苦。然而你到底赢得了生命与灵魂。然而，你的妻子死去了，抛弃了她的爱情。这有什么奇怪呢，死神曾分离过多少对夫妻！

阿德墨托斯：朋友们，我认为我妻子的命运比我好得多，虽然看起来并非如此。因为苦痛再也不会落到她的身上，她已光荣地解脱了许多困苦。至于我自己，我本来就不该活着，虽然躲过了那注定的命运，却要过着这愁苦的生活。到现在我终于明白了。我怎么能忍心进入这宫门？我向谁打招呼？有谁来问候我？我在里面有什么快乐呢？我究竟到哪里去呢？我看见我妻子的空床和她曾经常坐的椅子，以及宫中铺满灰尘的地面。我的孩子们跪在我膝前哭唤亲娘，那些仆人也悲叹宫中失去一位多么好的女主人。这些凄凉和寂寞会把我赶出来。这才是宫中的景象。至于外面的色萨利人的婚宴和妇女的盛会,更使我难堪,因为我不忍心去看我妻子的伙伴们。我的仇人遇见我时,会这样评论我:"请看他羞耻地活下来了,他不敢死,只好怯懦地献上自己的妻子,逃避了死亡。他是个男人吗?他非但自己都不愿意死,反倒怨恨他的父母。"除那些灾难之外,我还会得到这样的坏名誉。朋友们,我的命运毁了,名誉也完了。这样活下去,到底有什么意义呢?

仆人:我曾在诗歌里向上飞翔,也曾在许多誓言里竭力搜寻,却不曾发现什么东西比命运更强大。即便在色雷斯的木板上,歌声嘹亮的俄耳甫斯记下的药方,或者阿波罗传给阿斯克勒庇俄斯的子孙治疗人间病痛的医药也胜不过它。没有人敢到女神唯一的祭坛前或神像前去,她不肯听人献祭。可畏的神呀,请不要在我的一生中来得比现在更凶猛!凡是宙斯首肯的,他都借重你施行。甚至是铁矿石也被你强行熔化了,你那严峻的心一点也不留情。阿德墨托斯,女神已经把你抓在她的手掌里,难以逃脱,你得忍受,只是痛哭救不回那地下的死者。甚至神因私恋而生的儿子们也毁灭在死亡里。她先前和我们同在时,是一位很可敬可爱的人物。她如今死了,依然令我们敬爱。你曾把人间最高贵的妻子娶到你的床上。别把你妻子的坟墓只当作一个死者的土堆,要让它像神一样受人尊敬,受过客称赞。绕道上前的客人会向她致敬，说出这样的话："这女人为她丈夫而死，她如今倒是个快乐的神仙。祝福你，王后，请你保佑我吧！"

——欧里庇得斯《阿尔刻提斯》

● **一个妻子的忧伤**

与妻子美狄亚和两个儿子来到科林斯之后，詹森抛弃了美狄亚，另娶了科林斯国王克瑞翁的女儿克瑞乌萨为妻。满心忧伤和仇恨的美狄亚痛哭不已，向科林斯的女人们讲述了自己的悲惨遭遇。

女人们：我听见悲惨的声音、痛苦的呻吟，听见她大声叫苦，咒骂那忘恩负义的丈夫破坏了婚约。她受了委屈，只好求助于宙斯的妻子忒弥斯[1]，那见证誓言的神，当初原是她叫美狄亚漂过内海，漂过海上的长峡来到对岸的希腊[2]。

美狄亚：啊，你们，科林斯妇女，我害怕你们见怪，所以从屋里出来了。我知道，许多人因为态度好像很傲慢，就得到了恶意的、冷漠的骂名，他们中倒也有一些出来跟大家见面。但一般人的眼光不靠谱，他们没有看

---

[1] 神圣的立法者忒弥斯，是婚姻关系的保护神。——原注
[2] 美狄亚来自位于黑海东部的科尔基斯。——原注

清楚一个人的内心，便对那人的外表产生反感。其实，那人对他们并没有什么恶意。还有许多人则是因为安安静静待在家里，就得到了恶意的、冷漠的骂名。一个外邦人应同本地人亲密来往。我可不赞成这种本地人，他们只求个人享乐，不懂得社交礼貌，惹人讨厌。

但朋友们，我碰上一件意外的事，精神上受到了很大的打击。我已经完了，我宁愿死掉，这生命已经没有一点乐趣。我那丈夫，我一生的幸福所依靠的丈夫，已经变成人间最恶毒的人。在一切有理智、有灵性的生物当中，我们女人算是最不幸的。首先，我们得用重金争购一个丈夫，而丈夫会变成我们的主人。但如果我们不去购买丈夫，那是更可悲的事。最重要的还要看我们得到的究竟是一个好丈夫，还是一个坏家伙。因为离婚对我们女人是不光彩的事，所以我们又不能把我们的丈夫轰出去。一个在家里什么都不懂的女子，走进一种新的习惯和风俗里，需要变作一个先知，知道怎样驾驭自己的丈夫。如果这事做得很成功，我们的丈夫接受婚姻的羁绊，那我们的生活便是可美的。否则，我们还不如死了好。一个男人同家里的人住烦了，可以到外面去散散他心里的郁积，不是找朋友，就是找玩耍的人。但我们女人就只能靠自己一个人[1]。

---

[1] 上层的雅典女性虽然可以相互拜访，但无法拥有像男人一样在城中随意走动的自由。——原注

他们男人说我们待在家中，完全没有生命危险，他们却要拿着长矛上阵——这说法真是荒谬。我宁愿提着盾牌打三次仗，也不愿生一次孩子。但同样的话不能应用在你们身上：这是你们的城邦，你们的家乡，你们有丰富的生活，有朋友来往，我却在此孤孤单单地生活。那家伙把我从外地抢来，又这样虐待我。我没有母亲、兄弟、亲戚，不能逃出这灾难之地，到别处去停泊。①我只求你们这样帮助我：要是我想出什么方法去向我的丈夫、那嫁女的国王和新婚的公主报仇，请替我保守秘密。女人总是什么都害怕，尤其怕走上战场。看见刀光剑影，总是心惊胆战。但受了丈夫欺负时，就没有谁的心比女人更毒辣！

不要认为我软弱无能，温良恭顺。我恰好是另外一种女人：我对仇人很残忍，对朋友却很温和。这样的生活才是最有意义的。

——欧里庇得斯《美狄亚》

●孩子让人忧虑

女人们：我曾多次探索过微妙的思想，研究过更严肃的争辩。这原不是我们女人能讨论的。我们也有一位文化女神，她同我作伴，给我们智慧。但她不和大家作

---

① 通常，当妇女遭到丈夫虐待时，妇女的父亲或兄弟会给予她庇护。——原注

伴，而是和少数人作伴，也许在一大群女人里，只有一个同她在一起。但由此可见，我们女人不是完全没有智慧的。我认为那些完全没有经验的人，那些从没有生过孩子的人，比那些做母亲的人要幸福得多，因为那些没有子女的人不懂得养育孩子是苦是乐，可以减少许多烦恼。我看见那些家里养着可爱的孩子的人一生忧愁：愁着怎样把孩子养得好好的，怎样给孩子留下一些生活费，此后还不知辛苦养出来的孩子是好是坏。人间还有一个最大的灾难我也要提一句：即便生活十分富裕，孩子的身体发育完成，他们为人又好，但如果命中注定，死神把孩子的身体带去冥府，那就完了！在一切痛苦之上，神给我们凡人加上丧子的痛苦。这莫大的惨痛，对神又有什么好处呢？

——欧里庇得斯《美狄亚》

●一场不对等的婚姻及其结果

斯瑞西阿得斯是一个生活富裕却未受过教育的农民，娶了显赫的阿尔克迈翁家族的麦加克勒斯的侄女为妻。下文展现了夫妻二人巨大的差异，就第一个儿子的取名问题引发的争吵，以及儿子成为骑士之后挥霍无度的生活。

斯瑞西阿得斯：但愿那个劝我娶你母亲的媒婆[①]不得好死！我原享受着乡下生活，虽然肮脏简陋，却自由自在。我养着成群的蜜蜂与绵羊，家里还堆着许多橄榄渣饼子。后来，我娶了麦加克勒斯的侄女。我是一个乡下人，她却是一个很娇奢的城市姑娘、一个十足的贵族女子。新婚那晚，我躺在新床上，身上还有羊毛、酒渣和无花果的味儿，她却满身香膏和番红花的味儿，不停地和我亲嘴咂舌。她就像爱神那样没有节制，那样大咬特咬……

后来，我们有了儿子，我同我优秀的妻子为了起名字的事时常争吵。她要起一个马的名字，如"黄马""福马""骏马"。我却想依照他祖父的名字叫"Pheidonides"[②]。我们为这事争吵了许久，最后同意叫儿子俭德马[③]。她时常抱着这个孩子，哄他说："你日后长大了，也要像你的外叔祖麦加克勒斯那样，披着紫袍坐车上卫城。"我却对他说："你要像你的父亲，披着羊皮，从山上赶着羊群回来。"哪知他非但不听我的话，反倒爱马，把我的家业败得一塌糊涂。

——阿里斯托芬《云》

---

① 职业媒婆在古代雅典十分常见。——原注
② 通常家里的大儿子会以祖父的名字来命名。Pheidonides 的意思是"勤俭之人的儿子"。但如果妻子的地位高于丈夫，则会用妻子家族的名字来命名。——原注
③ 将 Pheidonides 与后缀 hippus 结合。名字后缀有 hippus 代表此人出自骑士阶层。——译者注

下文的场景发生在卧室中。此时,儿子斐狄庇得斯,即俭德马,已经成年了,正在睡梦中说着话。而他的父亲斯瑞西阿得斯则在一旁担心儿子的债务,无法入睡。

斯瑞西阿得斯在床上翻来覆去:哎呀,我睡不着,拜我的儿子斐狄庇得斯所赐,我被各种花销和债务压得直不起腰。反观他,蓄着长发,骑着马,游山玩水,连做梦都是马。我却倒霉了,眼看这个月到了下旬,利息又到期了。

斯瑞西阿得斯猛地跳起:孩子,把灯点上,把账簿拿来,看我欠谁的钱,算算是多少利息。欠帕西阿斯五十迈纳。为什么欠帕西阿斯五十迈纳?是怎样花掉的?哦,原来是为了买那匹宝石马——还得了瘟疫!哎呀,但愿一块石头打瞎了我的眼睛就好了。

斐狄庇得斯在睡梦中:菲隆①,你犯规了!你该在你自己的路线上跑。

斯瑞西阿得斯自语:瞧,就是这个害了我,他连做梦都在赛马!

斐狄庇得斯呓语:一辆战车应该赶多少圈?

斯瑞西阿得斯:你倒把我——你自己的父亲"赶"了许多圈呢!

斯瑞西阿得斯看着账簿:除了欠帕西阿斯的钱,还

---

① 应该是比赛中的对手。——原注

欠谁？为了买车厢和轮子欠阿密尼阿斯十二迈纳。

斐狄庇得斯：好好叫马儿打个滚再牵回家去！

斯瑞西阿得斯：可怜的孩子，你把我的钱财都"滚"掉了！我已经吃了官司，有的债主还说要扣押我的财产来做抵押。

斐狄庇得斯醒来：父亲，到底什么事情令你烦恼，使你夜里翻来覆去？

斯瑞西阿得斯：有一个"收债"虫从床底下爬出来咬我。

斐狄庇得斯：好父亲，让我再睡一会儿吧！

斯瑞西阿得斯：你睡吧，只是不要忘记这些债务完全会落到你自己头上。

——阿里斯托芬《云》

●女人们为更好地治理雅典而想出的计划

下文选自《吕西斯忒拉忒》。这是目前我们所知的第一篇针对"女性权利"的作品。阿里斯托芬以半严肃半开玩笑的方式提倡女性也应该统治政府，与伯罗奔尼撒人友好相处并通过不同的方式提升治理水平。将这些开明的观念归功于女人其实是对女性极大的肯定。下文的背景是女性占领了卫城，一个官员前来同她们交涉，询问她们的意图。

官员：首先我要问问你们，为什么在这里吵吵闹闹？

你们为什么要把卫城的门关起来,把我们锁在外面?

吕西斯忒拉忒:占领卫城的金库。没有钱,就没有战争。

官员:这么说,是金钱引起了战争?

吕西斯忒拉忒:还有我们所有的烦恼。皮桑德尔[①]和其他煽风点火的人总是发动革命,不过是为了伺机行窃。好呀!但他们再也不能从这里得到一个子儿。

官员:敢问你打算怎么办?

吕西斯忒拉忒:我们打算自己管理金库。

官员:你们女人自己管理金库?

吕西斯忒拉忒:怎么,你认为我们不够格吗?难道家里的开支、预算不是由我们管理吗?

官员:但那不是一回事。

吕西斯忒拉忒:怎么不是一回事?

官员:战争的开支都由金库提供。

吕西斯忒拉忒:但战争并不是必须的!

官员:什么!那城邦的安全怎么办?

吕西斯忒拉忒:就交给我们好了。

官员:交给你们?

吕西斯忒拉忒:就是我们!

官员:真是件令人沮丧的事!

---

① 皮桑德尔是当时最重要的政治家之一,也是当年寡头政治改革主要的倡导人之一。——原注

吕西斯忒拉忒：我们会拯救你们，不管你们愿不愿意。

官员：啊！多么傲慢的女子啊！

吕西斯忒拉忒：你似乎很烦！但必须这样。

官员：这真是奇耻大辱！

吕西斯忒拉忒：我们会拯救你们，我的朋友。

官员：但如果我不想被拯救呢？

吕西斯忒拉忒：那我们就更有理由这么做了！

官员：你们为什么要插手和平与战争的问题！

吕西斯忒拉忒：我们会告诉你原因。

官员：那就爽快地说，否则你会后悔。

吕西斯忒拉忒：听着，但不要乱动！

官员：啊！太过分了！我忍无可忍了！

吕西斯忒拉忒：是你不要后悔吧，我的朋友。

官员：不要在这里呱呱叫，你这老乌鸦！

官员说：你把要说的都说了。

吕西斯忒拉忒：很乐意。在这次漫长的战争期间，我们以谦卑的沉默忍受你们男人的一切所作所为，你们从来不让我们开口。我们对此很不满，因为我们知道事态的发展，我们时常在家里听到你们在商讨，把国家大事弄得乱七八糟。我们虽然心酸，但还是强露欢颜，问你们今天在大会上他们是否投票选择和平。那些汉子就咆哮起来："管好你自己的事！不要多嘴多舌！"我们只好闭嘴，不敢多言。

吕西斯忒拉忒：我是绝不会闭嘴的，绝不！

官员：再不闭嘴，你会后悔的。

吕西斯忒拉忒：我嘛，我就不会再说什么了。但没过多久我又听说你们做出一个愚不可及的决定。"啊！我的爱人，"我说，"接下来会有怎样的疯狂啊！"但他只是斜眼看了我一眼说："织你的布去，否则你的屁股就得受几小时罪。战争是男人的事情！"

官员：妙呀！说得太好了！

吕西斯忒拉忒：怎么个好法，你这糊涂虫？不让我们跟你们的愚蠢作斗争已经够糟了！日前，我们听到你在大街上大喊："雅典城里连一个男人都没有了吗？"听到回答说："没了，没了，一个也没了。"你就明白了。于是，我们毫不延迟，毅然做出拯救希腊的决定。竖起耳朵听听我们明智的劝告，不要插嘴，我们会做出对大家最好的选择。

官员：女人做出最好的选择！简直可耻至极，忍无可忍！

吕西斯忒拉忒：肃静，老先生。

官员：我情愿死一千次，也不听从你们这些戴面纱的！

吕西斯忒拉忒：如果这就是你所有的烦恼，给，这是我的面纱，用它包住你的头，然后闭嘴。

卡罗妮克：把这个篮子也拿去，佩上腰带，去梳羊毛，嚼豆子。战争得由女人管。

吕西斯忒拉忒：首先，我们不想再看到你们像疯子一样握着长枪往市场跑。

卡罗妮克：对阿佛洛狄忒女神起誓，绝对不可以！

吕西斯忒拉忒：瞧他们那副样子，全副披挂，像一群科律巴斯①，昂首阔步穿过市场，把市场上的坛坛罐罐和蔬菜弄得乱七八糟！

官员：士兵就应该如此勇猛。

吕西斯忒拉忒：你看这是多滑稽的景象——一个男人手执饰有怪物戈尔昂脑袋的圆盾到市场买鱼虾！

卡罗妮克：前几天，我在市场上碰到一个长发飘飘的军官，坐在马背上，往头盔里倒他刚从一个老妪那里买来的肉汤。还有一个色雷斯士兵，像忒柔斯②那样挥舞着长枪，把一个正在卖无花果的女孩吓呆了，然后就把她所有熟透的果子占为己有。

官员：我问你，你们打算如何恢复希腊诸城邦的和平与秩序？

吕西斯忒拉忒：那是再容易不过的事情！

官员：快说，我很好奇。

吕西斯忒拉忒：女人在绕线的时候，如果线纠缠起来，我们就把线轴穿过绞成一团的线，时而从这边穿，时而从那边穿。如果我们要结束战争，我们就得往这处

---

① 科律巴斯是女神西布莉的祭司，穿着盔甲狂歌乱舞。——原注
② 神话中色雷斯的国王，最后被神变成了一只鸟。——原注

往那处,往所有地方派使者,问题就解决了。

官员:就凭你们这些毛线、线团还有线轴,你们就想平息那么多凶猛的敌人?你们这些傻瓜!

吕西斯忒拉忒:你如果稍微有点常识,就会实行我们对纱线使用的策略。

官员:具体要怎么做呢?

吕西斯忒拉忒:首先,我们把毛线上的油垢和秽物清洗干净,对城里的坏蛋要同样处理,把他们挑出来,一顿棍棒把他们赶出去——他们是城里的渣滓。其次,对蜂拥而来找差事、谋高职的人,我们要彻底梳理一番。再次,为了使它们合乎统一的标准,把它们胡乱扔到一个篮子里,侨居与否、盟友、城邦的债务人,都混在一起。最后,像对我们的殖民地一样,必须把它们看作彼此孤立的一束,找到各自的线头,把它们拉到一个中心,绕成一团,把许多束绕成一大束。如此一来,公众就可以给自己织一件又好又结实的束腰外衣。

官员:让女人来给城邦梳理绕线,难道不是一种可耻的罪过?想挑起战争的重担,她们不是既没有技巧又缺乏才能?

吕西斯忒拉忒:你这坏蛋!我们的担子比你们男人重得多。首先,我们生了儿子,他们离开雅典,跑去很远的地方打仗。

官员:够了!不要重提伤心的回忆!

吕西斯忒拉忒:其次,我们不能享受爱的欢愉,白白辜负了青春和美丽,我们的丈夫都跑去参军,与我们天各一方,抛下我们,让我们一天天憔悴下去。最让我心疼的是看到我们的姑娘在孤寂的忧伤中老去。

官员:男人不也照样变老?

吕西斯忒拉忒:那不是一回事。当士兵从战场回来,就算他们已经白发苍苍,也很快能找到一个年轻的妻子。但女人的夏天只此一次,失掉了大好年华,以后就没人搭理她,她整天求神问卜也找不到丈夫。

——阿里斯托芬《吕西斯忒拉忒》

● **女人喜欢各种饰品**

美狄亚被丈夫詹森抛弃之后,给丈夫詹森即将迎娶的新娘克瑞乌萨赠送了带毒的长袍和皇冠。毒发之前,新娘对长袍和皇冠的美赞不绝口。

> 她看见了两件衣饰便不能自主,完全答应了美狄亚的请求[1]。当美狄亚的孩子和孩子的父亲詹森离开宫廷,还没有走远的时候,她便把那件彩色的袍子拿起来穿在身上,更把那金冠戴在鬈发上,对着明镜[2]理自己的

---

[1] 美狄亚请求她的儿子们不能和自己一起被流放,要在科林斯得到照料。这其实是美狄亚为送礼而编造的理由。——原注

[2] 镜子是由打磨光滑的金属制成的,许多制作精良的伊楚利亚镜子都被保存了下来。——原注

头发。随即,她从椅子上站了起来,雪白的脚妖娆地在房里踱来踱去,十分满意这两件礼物,并且频频注视直伸的脚背。

——欧里庇得斯《美狄亚》

在选文中,妻子们抛弃家庭,占领卫城,以强迫男人同伯罗奔尼撒人缔结和平条约。男人和官员对这种行为大加斥责。官员则认为这些麻烦都是男人自找的,谁让他们对自己的妻子宠爱无度呢。

男人:你还不知道她们全部的无耻行径呢!她们对我们又是嘲骂又是凌辱,然后用水把我们淋了个透,衣服一拧全是水①。

官员:对波塞东起誓,干得真好!对她们的劣迹,我们男人也要承担一部分责任。正是我们教她们喜爱暴乱和放荡,把邪恶的种子播在她们心里。你们看见一位丈夫走进商店,"卖珠宝的,"他说,"你一定记得你曾给我妻子做的那条项链。昨天傍晚她跳舞的时候扣钩断开了。你一定要去给她接上扣子。"或者跑去找鞋匠,跟鞋匠说:"我妻子那双凉鞋的皮带勒得她小趾头疼,那个部位是特别敏感的。中午你过来把鞋鞣一鞣,拉一拉。"这一切都是多么荒唐啊。现在看看后果吧。就说

---

① 男人试图进攻女人守着的大本营,但女人投水罐进行防御。——原注

我吧——我以官员的身份征召桨手,我需要钱付给他们,那些女人却叫我吃闭门羹。

——阿里斯托芬《吕西斯忒拉忒》

第3章

社会状况
（公元前404年到公元前337年）

Social Conditions

(404—337 B.C.)

●德摩提昂族胞族法令

　　下面的铭文发现于历史悠久的德克来亚[1]遗址，里面包含了三项德摩提昂族胞族法令，规定了如何接收新的成员。此铭文是我们了解公元前5世纪和公元前4世纪雅典胞族的组织及功能的主要史料。当时的胞族来自四个爱奥尼亚部落的分支，成员间有血缘关系，具有政治、宗教和社会功能。公元前508年，克利斯第尼改革之后，胞族的政治功能被弱化了。但每个雅典人仍需要有自己所属的胞族。通常的做法是将孩子纳入父亲所属的胞族。这也是孩子合法性和公民权利的象征。换句话说，这时胞族的主要政治功能就是保留孩子的公民身份，直到男孩在村社登记，女孩出嫁。胞族会在阿帕图利亚节[2]时接收新的成员。孩子出生后的

---

[1] 位于阿提卡北部。——原注
[2] 所有爱奥尼亚人共同的节日，在皮诺西翁月进行，持续三天到四天。——原注

第二个阿帕图利亚节将举行少童礼。男孩长成少年后，会在阿帕图利亚节时献祭，然后成为胞族一员。这被称为"剪发礼"。女孩在结婚时会加入丈夫的胞族。

不同的胞族在组织架构上十分不同，因为国家允许它们自行选择管理模式。胞族的核心是宗族，通常掌握着宗教的领导权。德摩提昂族的领导权属于"德克来亚人胞族"。目前，德克来亚人胞族的性质仍存在争议。

此铭文的内容主要是重新修正了接收新成员的程序，从而使程序更严格。在伯罗奔尼撒战争的最后几年，许多不符合条件的人都被列入了公民。公元前413年到公元前404年，德摩提昂族的所在地德克来亚被伯罗奔尼撒军队占领之后，其内部事务也一定受到了伯罗奔尼撒军队的影响。公元前396年，《希罗克洛斯法令》颁布，规定对非常规纳入的人要有正式的决议，并且为了防止诈骗行为，介绍候选人到为候选人投票之间必须等待一年的时间。紧随其后发布的是《尼科得密斯法令》。《曼内克森法令》的发布至少是《尼科得密斯法令》颁布五十年之后的事情了。虽然至今关于胞族的某些细节问题仍是模糊的，但从铭文中我们可以看出制度的核心是保护公民身份的纯洁性。

● **兄弟神宙斯**

埃乌法恩提戴斯之子，祭司塞德洛斯刻下了这块石碑。

以下物品属于祭司，作为祭祀的津贴：少童礼提供的髀肉一块、肋肉一块、猪耳一只,以及三欧宝的钱。剪发礼提供髀肉一块、肋肉一块、猪耳一只、一克奥尼克斯①的薄饼、半库斯②酒及一德拉克马的钱。

福尔米翁时任雅典执政官,奥伊翁的潘塔克莱斯时任胞族族长,决议如下。

希罗克洛斯提议:若有人未经德摩提昂族的法律裁决,胞族将随即裁决,向兄弟神宙斯起誓后,从祭坛取回票签。若判决被荐者非胞族之人,祭司与胞族长需从德摩提昂族的籍簿及副本中将其除名。遭票决否定的引荐者必须缴纳一百德拉克马,献给兄弟神宙斯。这笔罚款将由祭司和胞族长征缴或代缴。将来,即进行剪发礼的那一年,胞族需在阿帕图利亚节的剪发礼日执行裁决事宜,并且从圣坛取回票签。遭票决否定者若想上诉,应准其向德摩提昂族提请。德克来亚胞族将选出五位年过三十岁的人作为控方。控方将在胞族长和祭司面前发誓进行公平的裁决,不使任何非胞族之人进入胞族。

遭德摩提昂族票决否定的上诉者,将罚款一千德拉克马,献给兄弟神宙斯。这笔罚款将由德克来亚胞族的祭司征缴或代缴。其他胞族成员若愿意,亦可为公共金库征缴罚款。上述条款自福尔米翁担任执政官当年,即公元前396年,开始生效。胞族长每年需为要裁决的

---

① 体积计量单位(干量),约等于一夸脱。——原注
② 约等于三品脱。——译者注

人进行票决。若胞族长未能尽责，必须缴纳五百德拉克马，献给兄弟神宙斯。这笔罚款将由祭司或其他有意愿者代公共金库征缴。

将来，少童礼和剪发礼的祭俸必须送到德克来亚的祭坛。胞族长若未在祭坛前供奉祭品，必须缴纳五十德拉克马，献给兄弟神宙斯。这笔罚款将由祭司征缴或代缴。若有事耽搁，无论祭司指定何地，均须将少童礼和剪发礼的祭品送到德克来亚的祭坛。祭司需在多尔皮亚日①的前五天，在一块不少于一斯皮塞迈②宽的白板上张榜公告，并且将白板放置于德克来亚族人常去的城内之地。祭司需出资将这项法令及祭俸清单刻在一块石碑上，并且将石碑放置于德克来亚的祭坛前。

尼科得密斯为提议者。作为之前法令的修正，被荐者初审需要的三个证人应该来自被荐者所在分支③。他们必须答疑举证，并且以兄弟神宙斯的名义发誓。证人举证、发誓时都要手扶圣坛。若其分支属的证人人数不足三人，必须从其他胞族挑选。

裁决时，胞族长应在引荐者的分支于圣坛前秘密投票并带回票签后，主持整个胞族就此男童的票决。胞族长应在整个胞族的集会上当场验票并公布投票结果。若

---

① 宴会日，阿帕图利亚节的第一天。——原注
② 古希腊长度单位，为手指间可达的最大距离，约十二个手指的宽度。——译者注
③ 胞族的分支所含的家庭数更少，并且都是近亲。——原注

引荐者的分支投票认定被荐者为胞族成员,但胞族其他成员予以否决,那么分支成员应缴纳一百德拉克马,献给兄弟神宙斯,分支内指控或在裁决中反对被荐者的其他成员除外。若引荐者的分支予以否决而引荐者向整个胞族上诉,并且整个胞族认定被荐者为胞族成员,那么被荐者将被录入公共籍簿。但若整个胞族予以否决,被荐者则应缴纳一百德拉克马,献给兄弟神宙斯。若引荐者的分支予以否决,而引荐者未向整个胞族上诉,那么引荐者的分支的否决依旧有效。引荐者的分支不得与胞族其他人作为一个整体对来自同分支的孩子进行票决。

祭司应将该法令续刻于石碑之上。

引荐男童时证人的誓言如下:"我证明引荐者之子为引荐者与妻子的合法婚生子,我以兄弟神宙斯的名义发誓所言属实。若我说的为事实,我将获得好报,否则我将遭受惩罚。"

曼内克森为提议者,胞族决议如下。其他方面应秉承前述关于男童引荐及裁决的法令。但既然胞族成员熟悉将被引荐之人,在举行剪发礼后的第一年,他们应与以下名字一同登记入簿:被引荐之人的名字、其父亲的名字、村社的名字、母亲和她父亲及村社的名字。登记后,胞族长将内容刻于石碑之上,并且将石碑放置于德克来亚族人常去之地。祭司应将内容刻于白板上,并且将白板放于勒托圣所内。祭司应将此法令刻于石碑之上……

●雅典青年的军事训练

凡父母双方均为公民者有公民权[①]。十八岁[②]时，公民在自己村社的名簿中登记。他们登记时，村社成员对他们宣誓投票，做出决定。首先，他们是否达到法定年龄，如果认为未到年龄，他们便复归于儿童之列；其次，这个候补人是否为合法出生的自由民；然后，如果投票结果认为他没有自由民身份，他得向陪审法庭申诉，村民选出五名代表作为原告，如果判决他并无登记权利，他便沦为奴隶，但如果他胜诉，村民便必须让他登记；最后，议事会检查登记者的名单，如发现任何人未满十八岁，允许他登记的村民便要遭到缴纳罚金的处置。这些青年经审查通过后，他们的父亲参加公民大会并且宣誓之后，从年过四十、被他们认为是最好、最适合监督这些青年的部落成员中选取三人，从三人中选取一人担任部落的督查，同时从其他公民中选举一个指挥官领导他们全体。

这些人把青年集结成队伍，在第一次巡行各种神殿之后，前往比雷埃夫斯港，有的守卫穆尼客阿山[③]，有的

[①] 这一规定可追溯到公元前 451 年。之前仅要求父亲为雅典公民，后来伯利克里颁布了更严苛的规定。伯罗奔尼撒战争期间，此规定有所松动。公元前 403 年，民主政治恢复后，该规定重新确立起来。——原注
[②] 第十八年结束时。——原注
[③] 穆尼客阿山位于比雷埃夫斯半岛东部。——原注

守卫海角。公民大会又给他们选出两个训练员和一些教师，教他们重装步兵操练，使用弓箭、标枪和投石器。公民大会支付给每个督查每天一德拉克马，支付给每个青年每天四欧宝。每个督查负责领取自己部落人员的津贴费，为全体人员购买粮食，因为他们按部落要求实行公餐制，还要监督一切别的事情。这是第一年的生活和训练情况。

到第二年，公民大会在剧场开会，青年在公民面前举行一次操练表演，并且领到一面盾和一支枪。于是，他们应在乡村中当巡逻兵，并且驻守在哨兵守卫所。他们要当两年的巡逻兵，穿着军服斗篷，无须上缴任何赋税。他们不得被人起诉，也不得起诉他人，因为他们除涉及继承财产、与女继承人结婚①、世袭僧侣身份和任何有关僧侣之事以外，不得借口请假。等到两年期满，他们便成为普通公民。②

——亚里士多德《雅典政制》

---

① 如果父亲去世只有女儿继承家产，与女儿血缘最近的男性亲戚则有权利娶她。青年在涉及继承财产或迎娶女继承人的时候可以不参加军事训练。——原注
② 公元前4世纪发明了这种训练体系，其在喀罗尼亚战役之后吕库古执政时期得到了长足的发展。——原注

●青年男子的誓言

下文选自吕库古仅存的演说词。列奥克拉特在喀罗尼亚战役后放弃了雅典,先是居住在罗得岛,随后又来到了迈加拉。对吕库古和狄摩西尼这样的爱国人士来说,这一时期是国家存亡的关键时期,需要每位公民的支持。在雅典人看来,列奥克拉特的行为不仅缺乏对国家的热爱,而且是对国家的背叛。

下面的誓言是通过斯托布斯保存下来的。虽然受到某些现代学者的质疑,但人们普遍认为它是真实的。

誓言

我不会使神圣的武器蒙羞,我不会抛弃我的同伴,无论他是谁。我将履行我的责任与义务,我将把国家建设得更加强大。我将听命于审判的人,并且遵守章程及法规。如果有人想要毁坏章程,我不会袖手旁观,而是尽全力阻止他。除此之外,我会尊重祖先的宗教。此誓言的见证者为阿格劳罗斯、恩雅利俄斯、宙斯、塔罗、奥克索及赫革摩涅。[1]

——吕库古《驳列奥克拉特》

---

[1] 阿格劳罗斯是刻克洛普斯一世的女儿,其神殿位于卫城北部山坡的洞里,其神殿也是青年宣誓的地方。恩雅利俄斯是战神阿瑞斯的绰号。塔罗是春之女神,代表青春。奥克索代表"增长",赫革摩涅代表"统领"。——原注

● 嫁 妆

以下节选说明了兄弟有权利及义务决定自己姐妹的婚配并为她们提供嫁妆。

> 尊敬的陪审团,我们的父亲,阿卡奈的依珀奈姆斯是门尼克勒斯的朋友及伙伴。他共有四个孩子,包括两个儿子、两个女儿。父亲去世时,长姐也到了结婚的年龄①,于是我们将长姐许配给了莱科洛弗斯,并且给了她二十迈纳作为嫁妆。
>
> 在之后的第四年或第五年,我们的妹妹尚未到结婚的年纪,门尼克勒斯的前妻去世了。在为前妻举办了葬礼仪式之后,门尼克勒斯向我们提出请求,希望能够迎娶我们的妹妹,并且向我们提及自己与我们父亲的深厚友谊。我们同意了他的请求,给妹妹提供了与长姐相同的嫁妆,而不像我们的反对者说的没有提供嫁妆。就这样,我们同门尼克勒斯成了亲戚,门尼克勒斯也收到了二十迈纳的嫁妆。
>
> ——伊赛奥斯《演说词》

有嫁妆对女性及其孩子来说是有益的,因为嫁妆是婚姻合

---

① 一个女孩无论多小都可以由其父亲或监护人为其定下婚约,但必须在青春期后才能成婚。在雅典,女性的法定结婚年龄为十五岁。在希腊其他地方最小可以降到十三岁。——原注

法性的证明。此外，嫁妆也让婚姻变得更牢固，因为离婚时女人可以拿回嫁妆。从这两个方面来说，没有嫁妆对一个妻子是不利的，但愿意迎娶没有嫁妆的贫穷女性是一种慷慨、爱国的行为。下文中，作者就歌颂了这种行为。

我的父亲到了结婚的年纪之后，虽然他有机会迎娶一个嫁妆丰厚的女人，但他最终选择了我没有嫁妆的母亲。因为她是色诺芬①的女儿，欧里庇得斯的孙女。欧里庇得斯是一个既有能力又正直不阿的人。至于我的姐姐们，有些富人愿意娶她们，并且不要嫁妆，但遭到了我父亲的拒绝，因为这些人都毫无信誉可言。父亲将我的一个姐姐许配给了派阿尼阿的腓罗迈卢斯。腓罗迈卢斯虽然不富有，但品行优良。父亲将另一个姐姐许配给了自己的侄子斐德罗，并且提供了四十迈纳的嫁妆，后来又让她嫁给了阿里斯多芬，并且提供了数目相同的嫁妆。当我有机会获得一大笔嫁妆的时候，父亲却建议我迎娶嫁妆少的女子。因此，我娶了阿罗珀刻的克里德莫斯的女儿为妻。克里德莫斯在伊哥斯波塔米战役②中惨遭拉栖第梦人杀害。尊敬的陪审团，我的父亲娶了一个没有嫁妆的妻子，为自己的两个女儿准备了丰厚的嫁妆，同时让自己的儿子娶了一个嫁妆很少的女子。这足

---

① 色诺芬参加过早期的伯罗奔尼撒战争，最终遭敌人杀害。——原注
② 公元前405年。——原注

以证明他这么做的目的不是为了钱。

——吕西阿斯《演说词》

●合法血统的证据

选文向我们详细地展示了参加各种宗教仪式及传统活动的重要性。

> 正是在我们是他女儿的孩子的前提下,他参加的所有祭祀活动都会带上我们。无论宗教仪式是否隆重,我们都会在场。我们不仅被邀请参加这些仪式,而且他带我们参加了乡村酒神节[①],我们坐在他身边观看了演出,并去参加了所有庆祝活动。

> 他十分重视对家产之神克忒西俄斯的祭祀,从不会让任何奴隶和无关的自由人参与其中,我们却可以同他一起参与祭祀,并且帮助他准备祭品和献祭。简而言之,无论他做什么事,我们都是其中一员。

> 他为我们祈求健康和财富,因为这是他作为外祖父的义务。他如果不认为我们是他女儿的儿子,就不会邀请我们做上述任何一件事,而是会邀请那个声称是他侄子之人。我们说的每一件事全部是事实,外祖父的奴隶

---

① 在每年的波西得翁月,即十二月到一月举办,会有剧团在不同的村社巡回演出戏剧。——原注

就是最好的证人,但我们的反对者不同意拷问他们①。

——伊赛奥斯《演说词》

●一个被收养的案子

其次,我想说明收养的程序是符合法律的。法律允许他在没有男性后代的情况下任意处置财产。②立法者之所以这样规定,是因为没有孩子之人的唯一安慰就是可以随意收养孩子。因为法律授予了他收养孩子的权利,所以他便收养了我。这是他在身体健康、思维健全的时候做出的决定。此外,他在各位反对者的见证下将我介绍进入他的胞族,并且在村社中为我进行登记。当时,各位反对者并没有提出反对意见。我认为,如果有任何意见,应当在他活着的时候提出,而不是在他死后侮辱他。收养我之后,他又活了二十三年。在如此长的时间里,他并没有后悔过自己的决定。为了证明我所说属实,我请出胞族和村社的人作为收养的证人。我,作为收养者的儿子,在他活着的时候对他关爱有加。我用他的名字给我的孩子起名③,这样家族就能延续下去。他

---

① 法律规定可以拷问奴隶,以获得证据。——原注
② 如果有女儿、没有儿子,可以随意处置财产,前提条件是获得遗产者需要娶女儿为妻。如果没有孩子,则对财产的处置是完全自由的。遗孀只能要回自己的嫁妆。——原注
③ 通常会以父亲的名字来为长子命名。——原注

去世之后，我以符合他身份的规格为他举办了葬礼，为他竖立了一个漂亮的墓碑，并且在第三天和第九天举行了祭拜。所有仪式我都尽心而为，所以得到了他人的赞扬。而我的反对者，在我父亲活着的时候就抢走了属于他的土地，在他死后还试图让他无子无名。这是多么卑劣的行为啊！

——伊赛奥斯《演说词》

● **一群继承人**

雇佣兵尼科特拉特斯离开雅典有十一年的时间，最终死在了腓尼基的阿克。他的骨灰连同两塔兰特的钱被送回了雅典，从而引发了一场闹剧。

当这两塔兰特到达阿克时，谁不剪短自己的头发，或者穿上黑袍，期盼着这么做能使自己成为这笔钱的继承人？尼科特拉特斯的亲戚和后代都将这笔钱当作一份大礼。

狄摩西尼声称自己是尼科特拉特斯的侄子，但遭到了我的对手的驳斥，于是便黯然退场。然后，特勒福斯又跑来说尼科特拉特斯将自己所有财产都赠予了他，但没过多久这个男人也放弃了。紧接着，阿美尼亚德又将尼科特拉特斯所谓的儿子带到了执政官的面前，尼科特拉特斯已经离开雅典十一年了，而他的儿子竟然还不到三岁。

皮洛士声称尼科特拉特斯将他的财产献给了雅典娜,并且给了自己一部分。贝萨的克泰夏斯和克拉诺俄斯起初说尼科特拉特斯欠自己一塔兰特,后来由于找不到证据,又改口说尼科特拉特斯是获得了自由的奴隶,但他们的说法依然站不住脚。起初,卡里亚得[①]没有发表任何言论,后来他竟然将自己和情妇生的孩子假装成死者的孩子。这样做,他既能得到遗产,又能让自己的孩子获得公民身份。

——伊赛奥斯《演说词》

●主人对待自由劳动者的方式

毫无疑问,主人对待奴隶要比对待散工好。尤其是在偏僻的农场中,受雇之人无法诉诸法律。虽然雅典人十分仁慈,但下文中柏拉图描述的事件时有发生。在很大程度上,经营者的残忍被其儿子的良知抵消。儿子欧蒂弗罗与苏格拉底的对话发生在巴西勒斯柱廊。在巴西勒斯柱廊,欧蒂弗罗控告自己的父亲杀害了雇用的工人。

苏格拉底:我猜你父亲杀死的人一定是你们家的亲戚吧,如果只是一个陌生人,你一定不会想到要控告自

---

① 演说人的反对者。——原注

己的父亲。

欧蒂弗罗：我不明白了，苏格拉底。你为什么一定要区分亲戚与非亲戚呢？无论死者是谁，这都是一种污染[1]，就必须控告他来洗除自己和他的污染。问题的关键在于死者到底该不该死，如果该死，那么我的父亲是无罪的；如果不该死，就应该起诉我的父亲，哪怕他是天天同我生活在一起的亲人。被杀之人受雇于我，在纳克索斯的农场中为我们种地。有一天他喝多了酒，和一个奴隶吵了起来，然后动手杀死了这个奴隶。于是，我的父亲捆住他的手脚，将他扔进了沟里，同时派使者到雅典寻找诠释者[2]，询问应该如何处置这个人。在此期间，我父亲从未问过这个杀人犯，心想这个杀人犯即使是死了也没什么大不了。没想到，没等使者从诠释者那里回来，饥寒交迫的杀人犯就死了。为了死者，我控告自己的父亲。为此，我的父亲和其他家人都很不满。他们说这个人的死与我父亲无关，死者才是真正的杀人犯，我控告自己的父亲是大不敬。苏格拉底，他们根本不懂得什么叫敬，什么叫不敬。

——柏拉图《欧蒂弗罗篇》

---

[1] 希腊人认为通过暴力杀人是一种宗教污染，需要通过起诉杀人者及相关仪式才能洗掉污染。——原注
[2] 负责解释传统宗教习俗的祭祀官员。——原注

●狄摩西尼对贫穷的反对者的鄙视

雅典公民泰西封提议五百人会议和公民大会应该为狄摩西尼颁发一顶王冠,以便感谢他为国家做出的贡献。于是,狄摩西尼的政敌埃斯基涅斯控告了泰西封。虽然接受审判的是泰西封,但审判的主要内容是狄摩西尼配不配得上这样的荣誉。狄摩西尼对此进行的回击无疑是世界上最出色的演说之一。以下选文反映了当时日益加剧的贫富差距及学校老师的悲惨境地。

埃斯基涅斯,在我小时候,我有幸接受了学校的教育,加上我的家庭条件优越,所以我不会因贫穷而做出令人不齿的行为[1]。成年之后,我的行为准则并没有发生任何改变,我担任过合唱团指挥,在三层桨战船履行过义务,贡献过战争税[2],对国家和朋友都尽心尽力。

当我决心参加公共生活时,我使用的政策经常得到祖国和其他希腊人的赞扬。即便是你,我的反对者,也不能否认我所做之事是崇高的。这就是我一生所做之事,虽然我能说的还有很多,但我将对此省略,以免有人认为我是自卖自夸。

但你,诬蔑他人之人,你的一生是怎样的呢?你在穷困的环境中长大。在学校时,你协助你的父亲磨墨、

---
[1] 狄摩西尼是富商之子。许多贵族和富人都认为贫穷是罪恶之源。——原注
[2] 战争税十分昂贵,只有富有公民才能承担。——原注

擦椅子、打扫屋子，仿佛奴隶一般。成年之后，你又给你的母亲当仪式助手，为她诵经，并且帮她准备其他仪式用品。晚上，你给修道者披上鹿皮，用碗给他们盛水喝，给他们清洁身体，并且让他们说："我因为逃离了邪恶，所以变得更好了。"

后来，你在村社进行登记之后——我就不说你使用什么手段了[①]——你立刻选择了自认为最高贵的职业，也就是小官员的抄写员和仆人，但因做尽了可耻之事而被开除。然而，你非但没有以此为耻，反倒变本加厉。

——狄摩西尼《王冠》

●雅典人对劳动的态度

在下文中，苏格拉底与阿利斯塔克的对话发生在经济状况和政治状况很不好的时候。即便在这种情况下，像凯拉蒙这样的人，带着几个奴隶，也能做成赚钱的生意。同样有趣的是，有钱人家的妇女需要学习纺织、做衣及其他家务，以便指导和监督奴隶。

像许多雅典公民一样，犹泰鲁斯将自己的财产都投给了雅典的同盟。因此，公元前404年，雅典帝国垮台的时候，犹泰鲁斯的财产也荡然无存。一个财产管理员竟然被看作奴隶，这是不可思议的。雅典人犹泰鲁斯下定决心不再因为任何事情让自己

---

① 此处暗指埃斯基涅斯不应获得公民身份，但通过欺诈的方法进行了登记。——原注

对他人负责了。

苏格拉底有两种方法解决朋友的困难。苏格拉底努力通过劝导帮助他的朋友解决因无知而产生的困难,通过忠告朋友根据自己的财力互相帮助来解决因贫乏而产生的困难。关于这一点,我将把我所知道的他的事讲述出来。有一次,当苏格拉底看到阿利斯塔克面带愁容的时候,发生了如下对话。

苏格拉底:阿利斯塔克,你看起来似乎有什么心事,你可以把你的负担告诉你的朋友,也许我们可以设法减轻一些你的烦恼。

阿利斯塔克:的确,苏格拉底。我有很大的困难,自从城里发生革命以来,许多人都逃到比雷埃夫斯去了。我幸存的姐妹、侄女、表兄弟等很多人都逃到我这里来了。现在,我家里单是自由人就有十四个。同时,我们从田地里毫无所得,因为都被敌人霸占去了。房子也拿不到租金,因为城里的居民已寥寥无几了。没有人肯买我们的家具,任何地方都借不到钱。真的,我以为一个人如果想要借钱,还不如到马路上去抢,因为抢倒更快一些呢。眼睁睁看着自己的亲人死去,对我来说是很痛苦的。但在这种情形下,想要维持这么多人的生活,几乎是不可能的。

苏格拉底:你看凯拉蒙,也有许多人要养活。怎么他除供给自己和他们的必需品以外,还能积蓄更多的钱，使自己成为一个殷实的富户，你同样要养活许多人，却怕大家都一起饿死呢？

阿利斯塔克：因为他养活的是奴隶，我要养活的却是自由人。

苏格拉底：你想这两种人中哪一种更好，是你的自由人，还是凯拉蒙的奴隶？

阿利斯塔克：我想是我的自由人更好。

苏格拉底：那么和他在一起的人虽然不好，但富有。你和你的更好的人却有困难，这岂不是很可耻的事吗？

阿利斯塔克：的确如此，但他要养活的是些手艺人，而我要养活的是些有教养的自由人。

苏格拉底：手艺人就是一些知道怎样制造有用的东西的人吧？

阿利斯塔克：当然。

苏格拉底：大麦皮是有用的吗？

阿利斯塔克：非常有用。

苏格拉底：面包怎么样呢？

阿利斯塔克：用处也不小。

苏格拉底：男人和女人的上衣、衬衫、斗篷和背心怎么样呢？

阿利斯塔克：所有这一切东西也都非常有用。

苏格拉底：难道那些和你同居的人连这些东西中的任何一样都不会做吗？

阿利斯塔克：我相信，这些东西他们都会去做。

苏格拉底：难道你不知道诺西库得斯单凭做这些东西中的一种，即大麦皮，就不仅维持了他自己和家属的生活，而且饲养了一大群猪和牛。他赚到的远超过他需要的，所以他常常为城邦贡献。难道你不知道库瑞博斯单凭做面包就养活了他的全家，并且生活丰足吗？难道你不知道克莱特斯人戴米阿斯凭制造斗篷，梅农凭制造绒线上衣，大多数迈加拉人凭制造背心也都生活得很好吗？

阿利斯塔克：的确，他们生活得很好。他们可以任意强迫买来蓄养的蛮族奴隶做他们喜欢的事，而和我在一起的是一些自由人和亲属。

苏格拉底：因为他们是自由人并且是你的亲属，所以你以为他们就应该无所事事，只是吃和睡吗？你看到其他这样生活的自由人比那些从事他们知道对生活有用的工作的人生活得更愉快、更幸福吗？你以为懒惰和粗心对人类是有益的，勤劳和谨慎却是毫无用处的吗？至于你说他们会做的手艺，他们把手艺当作对生活毫无用处的东西，并且从来不打算对任何一种手艺加以应用、学习，还是他们有意从事这些工作，想借手艺获得好处？哪一种情况会使人更聪明？是饱食终日，无所用心，还是从事有益的活动呢？哪一种情况会使人更正直？是工作，还是游手好闲地一心只想解决基本生存之需呢？照目前的情况看，我想你既不爱你的亲属，他们也不爱你。因为你觉得他们对你是重担，他们也感到你厌烦他们。这种情况可能会越来越严重,以致从前的友爱之情逐渐减少。但如果你指挥他们,使他们工作,那么当你看到他们对你有好处的时候,你就会喜欢他们,当他们看到你对他们满意的时候,他们也就会喜欢你了。当你们都以欢乐的心情回忆过去的友谊时,由此产生的友爱就会增加更多,从而你们就会更加友好,更加和睦了。当然,如果他们是去做不光彩的事,那倒不如死了更好。但事实是,他们会做的事情看来是最光彩且最适合妇女做的事情。凡是人们会做的事情,做起来总是最容易、最迅速、最美好,并且最高兴。因此,不要再拖延了,赶快叫他们去做对你和他们都极有益的事吧,他们一定会以欢喜的心情依照你的指示去完成的。

阿利斯塔克:的确,苏格拉底,我看你的忠告非常好。过去,我是不喜欢借钱的,因为知道当我把借来的钱花完的时候,我将无法偿还人家。但现在,为了获得必要的资金,以便开始工作,我想我是可以这样做的。

随即,必要的资金凑足了,羊毛也买来了。妇女们吃午饭的时候一边工作一边吃饭,只是在收工以后才吃晚饭。她们兴致勃勃,脸上不再带有愁容了,过去的互相嫉妒现在变成笑脸相迎了。她们热爱阿利斯塔克,把他当作自己的保护人。阿利斯塔克也因她们有用而很爱她们。

终于,阿利斯塔克来到了苏格拉底面前,把他家中这种欢欣鼓舞的情况告诉了他,并且说,妇女们认为遗憾的事，就是阿利斯塔克自己还在吃白饭。

苏格拉底这样回答道：那么为什么不把狗的故事讲给她们听呢？据说，从前某个时候兽类都会说话。一只羊对它的主人说道："你这个人做事真古怪，我们给你提供羊毛、羊羔和奶酪，但除我们从田里得到的以外，你什么都不给我们。狗什么也不能给你提供，你却把自己的食物分给它。"当狗听到这些话的时候说道："我对着宙斯起誓，虽然的确如此，但难道不是我保护你们免受盗贼的偷窃和豺狼的掠夺吗？如果不是我在保护你们，恐怕你们因生命朝不保夕而惴惴不安，连饭也吃不成了。"据说因此，所有羊一致承认了狗应享有优先权。同样，你也可以告诉你的家眷，你所处的就是狗的地位，是她们的监视者和保护人，正是由于有了你，她们才能够平安无虑，毫无后顾之忧地工作。

还有一次苏格拉底看到一个多年未见的老朋友——犹泰鲁斯，并且向他打招呼。

苏格拉底：犹泰鲁斯，你是从哪里来？

犹泰鲁斯：苏格拉底，我是战争结束后回的家。现在我就住在这里。自从我们的国外财产都丧失以后，在阿提卡，因为我的父亲没有给我留下什么，所以我就不得不亲手劳动来维持自己的生活。我想这样做比讨饭好些，尤其像我这样根本没有什么抵押品可以向人家借贷的人。

苏格拉底：你认为还需要多久你的身体才能适应这

样的劳动,以维持自己的生活?

犹泰鲁斯:当然不会很久。

苏格拉底:要知道,当你年纪变大的时候,你是必须花钱的,但到那时就没有人要你来工作,给你报酬了。

犹泰鲁斯:你说得很对。

苏格拉底:那么你最好赶快去找一种工作,使你老年时可以得到赡养。到一个需要助手的有钱人家去,做他的管事,帮助他收集谷物,照管他的财产。你帮他,让他也来帮你[①]。

犹泰鲁斯:苏格拉底,我实在不愿意做一个卑贱的奴隶。

苏格拉底:那些管理国家大事的人,人们并不因此把他们看成奴隶,倒很尊敬他们啊!

犹泰鲁斯:但苏格拉底,总而言之,我是不愿意向任何人负责的。

苏格拉底:然而,犹泰鲁斯,找一个不须负责任的事是不容易的啊。无论一个人做什么,不犯错误是很难的。即使不犯错误,想避免不公正的批评也是很难的。我想,就是在你现在担任的工作中,要想完全不受指责,恐怕也不容易吧!因此,你应该竭力避免那些苛刻的主人,去找体贴的主人,做你力所能及的事,不做自己办不到的事。无论承担什么任务,总要尽心竭力,因

[①] 这类工作通常由奴隶负责,但显然,自由人也是可以从事的。——原注

为我想，如果你这样做，你就可以避免受人家指责，在困难时容易得到帮助，生活得舒适安全，到年老无力时得到充足的赡养。

——色诺芬《回忆苏格拉底》

● **财产的管理**

希腊语中的"经济"一词有"财产管理"的意思。公元前4世纪，社会的发展越发复杂，人类的活动更加细化，形成了专门的体系。在这种背景下，经济作为科学的一个分支应运而生。

下文引自色诺芬的《经济论》。《经济论》这部著作是我们了解公元前4世纪希腊文明最重要的作品之一。下文的一段对话发生在苏格拉底与克利托布洛之间。克利托布洛是个政治家，他把大部分的时间和金钱都用于赢得支持者和行使公共职责上。他对自己的财产漠不关心，也不在乎如何让其升值。因此，他的钱总是不够用。时不时会有学者批评雅典的民主政治，因为民主政治给富人的生活带来了极大的负担。富有家庭的经济负担的确很大，但没有哪个雅典家庭因这种公共负担而破产或受到重创。克利托布洛就是一个典型的例子，他从不抱怨，因为他认为自己的付出是有回报的。

选文中十分有趣的一个主题是——在财产管理中妻子的地位。当时的某些思想家认为女人和男人没有区别，女人应该接受和男人相同的教育，从事和男人相同的职业，甚至在政治领域和战争领域也应如此。这是柏拉图在《理想国》中推崇的观点，也是色诺芬在《经济论》中嘲笑的观点。在色诺芬看来，男女虽然平等，但在诸多方面存在不同。因此，要进行男女分工——男人和女人各占一半领域。

我曾听见苏格拉底讨论财产管理问题如下。

苏格拉底：请问你，克利托布洛，财产管理也像医药、金工、木工一样，是一门学问的名称吗？

克利托布洛：我想是的。

苏格拉底：我们能够说出每一种技艺的功用是什么，我们也能说出财产管理的功用是什么吗？

克利托布洛：我认为一个好的财产管理人的工作就是管理好他自己的财产。

苏格拉底：是的，如果让他管理别人的财产，他不是也能——只要他愿意——像管理他自己的财产一样，把它管理得很好吗？任何会做木工的人，都能像给自己做工一样给别人做工，所以我认为一个好的财产管理人也能如此。

克利托布洛：我也这样想，苏格拉底。

苏格拉底：那么，一个懂这门技艺的人，即使自己没有财产，也能靠给别人管理财产来挣钱，正像他靠给别人盖房子挣钱一样吗？

克利托布洛：当然可以了，并且在他接管一份财产以后，如果能够继续支付一切开支，同时获得盈余使财产不断增加，那么他就会得到相当优厚的薪酬。

苏格拉底：但我们现在说的财产究竟是指什么？它是否等于田地房屋？还是人们除田地房屋以外拥有的一切东西也都属于财产范畴呢？

克利托布洛：我认为，即使所有东西都在不同的城市，一个人具有的一切东西仍然是他财产的一部分……

克利托布洛：我想谈谈那些可以算作世家子弟的人。①我看到有些人很能随机应变，能文能武，但他们不愿意发挥自己的才能。我认为，其原因就在于他们上面没有主人。

苏格拉底：什么，他们上面没有主人？尽管他们祈求繁荣，尽管他们想做一些能带来好处的事情，但他们的意图仍然被那些支配他们的力量阻挠。这时，他们上面也没有主人吗？

克利托布洛：请问，这些看不见的支配者是谁呢？

苏格拉底：不，不是看不见的，而是公开的、毫无隐蔽的！他们也是非常坏的支配者，只要你认为懒惰、精神上的怯懦和疏忽是罪恶，你一定明白这点。同时还有一些罪恶隐藏在单纯的娱乐之中，如赌博和滥交朋友。被它们所害的人后来也会知道：它们归根到底是掩藏在一层薄薄的快乐外衣下的痛苦。它们利用对被它们所害的人的影响，阻挠这些人去做有益的工作。

---

① 从这里开始探讨的是，当一个出身优越的雅典人走到穷途末路的时候，应该怪他自己，而不是怪民主政体。要知道，色诺芬是一个反对民主政体的人，所以他对民主政体的辩护才更有价值。——原注

克利托布洛：但苏格拉底，另有一些人，他们的精力并不受这些影响妨碍。他们确实非常愿意工作并挣取一些收入。然而，他们耗光了自己的财产，并且陷于困难之中。

苏格拉底：是的，他们也是奴隶，并且他们的主人是非常冷酷的。有些人是饕餮的奴隶，有些人是好色的奴隶，有些人是贪杯的奴隶，有些人是无聊而代价很高的有野心的奴隶。这些欲望冷酷地支配着每一个落入它们手掌的人，只要它们知道他还强壮，能够工作，它们就迫使他拿出辛苦得来的所有收入，使他按照自己的意图花掉收入。但一看到他老弱而不能工作，它们就立刻离开他，给他留下凄凉的晚年。设法把这副枷锁再套到别人的肩上。啊，克利托布洛，我们一定要争取自由，坚决反对"暴君"，就好像它们是想要奴役我们的武装敌人一样。的确，公开的敌人还可能是高尚的人。当他们奴役我们的时候，由于锻炼了我们，可以去掉我们的毛病，使我们将来过更好的生活。然而，这些恶习，在它们支配着人们的时候，无时无刻不在损害着人们的身体、精神和财产。

克利托布洛接着说：好啦，关于这类情欲，我觉得你给我讲的已经足够了。当我检查自己的时候，我觉得我还能很好地控制这些情欲。如果你愿意指教我怎样增加我的财产，我认为那些女主人——你是这样称呼她们的——并不能阻挠我。因此，请你尽可能给我一些好的指示，否则你真的断定我们已经足够富足了吗？苏格拉底，你真觉得我们不需要更多钱了吗？

苏格拉底：哦，如果你要把我也算在"我们"当中，我确实认为我不需要更多的钱，并且足够富足了。然而我觉得你似乎还很穷，克利托布洛，我老实告诉你，我常常替你难过。

克利托布洛：你觉得你的财产能卖多少钱，我的财产能卖多少钱？

苏格拉底：如果我找到一个好买主，我的全部财产，包括房子，卖五个迈纳可能不难。你的呢？我相信一定可以卖到这个数目的一百倍以上。①

克利托布洛：你当真不顾这种估计，认为你不需要钱，而我穷得可怜吗？

苏格拉底：是的，因为我的财产足够满足我的需要，但我认为你的财产即使是现在的三倍，也不够维持你现在的生活方式和身价。

克利托布洛：那怎么会呢？

苏格拉底：因为第一，我知道你必须贡献许多丰盛的祭品，否则我想神和人都会找你麻烦；第二，你必须很大方地招待很多外来的客人②；第三，你必须经常宴请

---

① 一迈纳约等于十八美元，所以苏格拉底的财产大约值九十美元。——原注
② 克利托布洛应该是某些外国的领事代表，所以当这些国家有人访问雅典的时候，克利托布洛需要盛情款待他们。——原注

公民并对他们有所资助，否则你就要失掉你的追随者。同时，我知道国家已经在强制你缴纳几笔很大的捐款。你必须养马，支付合唱队和竞技比赛的开支，接受会长的职位；万一发生战争，我知道国家会让你维持一条船的开支，并且让你缴纳几乎可以使你破产的税款。只要你一露出不能满足雅典人希望的样子，他们一定会惩罚你，就好像他们发觉你在抢劫他们似的。除此以外，我知道你自认为是一个阔人，你不在乎钱，并且向那些轻佻的女人求爱，好像这种开支对你来说是无所谓的。因此，我可怜你，怕你会遭到不幸，陷入贫穷的境地。毫无疑问，你和我一样清楚：在我缺钱的时候，帮助我的人是不会少的，他们只须拿出极少的钱就能使我非常快乐了。可你的朋友，虽然他们有比你更多的收入来维持家庭，却仍然希望得到你的帮助。

克利托布洛：对此，我不能否认。苏格拉底，但现在你应该照管我，从而使我不至于变成真正可怜的人……

苏格拉底：我从前看到一群人在从事相似事业的时候，有的人陷入贫苦，有的人却获得了巨大财富。我觉得非常奇怪，认为很值得研究这究竟是怎么一回事。在研究以后，我发现这种事情是十分自然的。我看到那些马马虎虎做这种事的人都遭受了损失，而专心致力于这种事的人都能更快、更容易地完成，并且得到更多的利润。我想如果你选择向这些人学习，你也一定会变成一个能干的事业家。

再举一个例子，当人们耕种同样的土地时，从不干活的人过得挺穷，还说是种地害了他们。另一些人却种得挺好，结果丰衣足食①……

在我们国家，确实有些所谓的粗俗的技艺是被人反对的，当然也十分被人瞧不起。这些技艺迫使工人和监工静坐在屋子里，有时整天待在炉火旁，伤害自己的身体。伤害身体就会严重损坏精神。同时，这些所谓的粗俗的技艺使人没有余暇去关注朋友和城邦的事情，所以从事这类技艺的人被认为不善于与朋友交往，也不善于保卫自己的国家。其实，在某些国家，特别是在尚武的国家，甚至不准任何公民从事粗俗的技艺。②

克利托布洛：那么请问你，你要劝我从事哪些技艺呢？

苏格拉底：我们不会因仿效波斯国王居鲁士而感到羞耻吧？因为据说居鲁士特别注意农业和战术，认为这是两种最高尚、最必需的事业③……

克利托布洛：我认为我听到的已足够使我相信靠农

---

① 公元前4世纪的农业情况与公元前5世纪的农业情况相比十分不乐观。但有趣的是，对既有脑力又有体力的农民来说，他们不但能够养活自己，还能积累一定的财富。有人通过购买荒地然后再出售来赚取利润。许多人放弃了他们的农田，转而在比雷埃夫斯经商。而许多有钱的市民则会选择将存款用于投资土地，虽然利润有限，但安全度高。——原注
② 这是柏拉图和亚里士多德所持的观点。事实上，这种观点风靡整个希腊和罗马。——原注
③ 色诺芬在探访波斯帝国的时候注意到波斯国王对农业有着十足的兴趣。同希罗多德一样，色诺芬认为希腊人在很多方面都可以向波斯人学习。——原注

业谋生乃是最光荣、最好、最愉快的事情了。但你告诉过我,你已弄清为什么有些农人很成功,农业使他们丰衣足食,而另一些人则很不中用,认为耕种是没有好处的。我很愿意听听这两种情况的原因,好使我去做有益的事,避免有害的事。

苏格拉底:那么克利托布洛,我打算详细告诉你我从前和一个人会见的事。我认为这个人是一个真正可以被称为"高尚人士"的人。

克利托布洛:苏格拉底,我很愿意听,因为我迫切希望自己能担得起这一称号。

苏格拉底:那么我要告诉你我是怎样注意到这个人的。在拜访我们优秀的建筑家、金匠、画家、雕刻家等人士并查看他们被认为最美的作品上,我花的时间并不多。但我希望能见到一个被称为"高尚人士"的人,好看看这种人做了什么事才担得起这一称号。"高尚人士"这一庄严的称号意味着是"美"且"好"的。最初,因为"美"这一形容词是与"好"结合在一起的,我就去找每一个我注意的人,企图发现我是否能在什么地方看到好与美的结合。但事实不是这样的:我认为我看到有些长得挺美的人,其内心极其卑鄙。因此,我决定不管长相好坏,去寻找被公认是"高尚人士"的人。我听说无论是男人、女人,本地人还是外地人,都用这一称号来称呼伊斯霍玛霍斯,我决定去会见他。

碰巧有一天,我看见伊斯霍玛霍斯坐在宙斯自由神殿的走廊里，他显然有空暇，我走过去，坐在他旁边说：伊斯霍玛霍斯，为什么呆呆地坐着呢？你是不大有闲着的习惯的，因为一般来说，我在市场上看到你的时候，你总是挺忙，至少不是完全闲着。

伊斯霍玛霍斯：是的，苏格拉底，要不是我和一些客人在这里有约会，那么现在你也不会看到我闲着。

苏格拉底：请问你，当你没有这类事情做的时候，你在什么地方消磨你的时间，并且做些什么呢？我非常想知道为什么人们称呼你为"高尚人士"，因为你并不在家里过日子，同时你的环境也不要求你这样做。

听见我问他为什么人们称呼他为高尚人士，伊斯霍玛霍斯笑了，他显然很高兴。他回答说：苏格拉底，我不知道有些人和你谈到我时，是不是这样称呼我。可以肯定的是，当他们要求我交换财产以逃避公共义务——装备战船或筹办合唱队时，绝没有人寻找"高尚的人"，而他们提出这种要求时，只简单地叫我"伊斯霍玛霍斯"，说我是我父亲的儿子。好啦，苏格拉底，既然你问我这个问题，那我就告诉你。我确实不在家里过日子，因为你知道，我的妻子自己就能够照管家里的事情了。

苏格拉底：啊，伊斯霍玛霍斯，这正是我要请教你的事情。是你自己把你的妻子训练成这样能干的人，还是当你把她从她娘家接来的时候，她就已经懂得管理家务了呢？

伊斯霍玛霍斯：哎，苏格拉底，在我娶她的时候，她能懂什么？她嫁给我时还不到十五岁，并且在此以前，她一直受着约束——尽量少看、少听、少说话。如果她来的时候，只懂得怎样把交给她的毛布制成斗篷，只懂得给女仆分派纺织工作，那不正是意料之中的事吗？苏格拉底，至于控制食欲，她已经受到极好的训练了。我认为这种训练，无论对男人还是对女人，都是十分重要的。

苏格拉底：但伊斯霍玛霍斯，在别的方面你没有训练你的妻子使她能够执行任务吗？

伊斯霍玛霍斯：噢，没有，苏格拉底。直到我祭神和祈祷，我才教她学习对我们俩人都有好处的事情。

苏格拉底：你的妻子没有和你一起参加祭神和祈祷吗？

伊斯霍玛霍斯：参加了，她热忱地对天许愿，要规规矩矩地做人，并且很容易看出，她不会忽视我教给她的事情。

苏格拉底：伊斯霍玛霍斯，请你告诉我，你教给她的第一课是什么？我宁愿听你说这些，而不愿意听那些最高贵的运动比赛或赛马的事情。

伊斯霍玛霍斯：苏格拉底，当我一发现她非常温顺，并且已经习惯了家庭生活，可以进行谈话的时候，我就问了她下面的话："亲爱的，告诉我，你知道我为什么要娶你，你的父母为什么要把你给我吗？你一定非常清楚，我们当初和别人结婚并没有什么困难。但我为我自己考虑,你的父母为你考虑,在未来的家庭和儿女方面,究竟谁才是最好的合作者。我选上了你,而你的父母认为我是他们能够找到的最合适的人。现在,如果神赐予我们儿女,我们就要想出最好的教育他们的办法。这是因为我们将来共享的幸福之一,就是老年能够得到最好的帮手和最好的赡养。但目前,我们先来共同拥有我们这个家庭。我把我所有的东西都放到我们共有的财产里,你也把你带来的一切都加了进去。我们并不计算我们谁实际拿出来的更多,但我们必须知道谁能证明自己是更好的合作者,谁的贡献就更重要。"

苏格拉底,我的妻子回答如下:"我怎么能帮助你呢?我有什么能力?不行,都得依靠你。我母亲告诉我,我的责任就是要谨慎小心。"

我回答道:"当然,亲爱的,我父亲也是这样告诉我的。不过,无论对男人还是对女人来说,所谓谨慎小心就是要尽可能使他们的财产不受任何损失,并且要尽可能用正大光明的办法来增加他们的财产。"

我的妻子问道:"不过,你怎么知道我能够帮助你增加我们的财产呢?"

我回答道:"当然你必须尽可能努力做好神让你能做的事及法律许可的事。"

她问:"请问你,都是什么事?"

我回答说:"我认为都是很重要的事情。的确是这样,除非女王蜂在蜂房里管的是不重要的事情。亲爱的,我觉得神聪明睿智地使男性和女性结合在一起，主要就是为了使他们结成完美的合作关系，互相帮助。第一，各种生物要传宗接代，他们就得结成婚姻好生儿育女；第二，这种结合为他们养儿防老提供了条件，至少对人类来说是这样；第三，人类不能像兽类那样生活在露天环境里，显然需要遮风避雨的房屋。然而，人们如果想要取得生活必需品以充实他们的住所，就得有人去从事露天的工作。耕耘、播种、栽植、放牧都是露天的工作，而这种工作提供人类必需的食物。这些东西一旦存入住所后，就得有人保管，并且做一些必须在室内做的事情。哺育婴儿需要有房屋；把谷物制成面包需要有房屋；用毛布缝制衣服也同样需要有房屋。因为无论室内工作，还是室外工作，都需要付出劳动和注意力，所以我认为，神从一开始就使女人的性情适合室内的工作，使男人的性情适合室外的工作。神使男人的身心更耐寒耐热，能够忍受旅途和远征的跋涉，让他们做室外的工作。而女人呢，由于神使她们的身体对这种事情的忍耐力较差，我认为，神就让她们做室内的工作。同时，神知道他已经给女人创造了养育婴儿的任务，并且使她们担负这一任务，所以神分给女人对新生婴儿的爱要比分给男人的更多。神还赋予女人照管粮食和衣物的任务，神知道对这种任务来说，胆子小一些是不无好处的，所以神就分给女人比男人更多的畏惧心理。神知道从事室外工作的男人必须保卫自己的工作不受坏人的侵害，所以分给男人更多的勇气。但因为男人和女人都需要生活和体验，所以他就不偏不倚地给予他们同样的记忆力和注意力。因此，在这些方面，你看不出男性和女性有什么明显区别，谁也不比谁更强。神不加差别地给予男女应有的自我克制的能力，并且给予做的较好的一方——无论是男人还是女人——获得更多由此而来的好处的权利。正因为男人和女人的资质不同，所以他们就更需要彼此帮助，夫妻的一方对另一方就更有用。这是因为在某一方面，一个人能干些，另一个人就差些。亲爱的，我们既然知道神分派给我们每一个人的责任，我们每一个人就必须努力把我们担负的工作尽量做好。法律也认可这些责任，所以法律把男人和女人结合在一起。神使男人和女人成为养育儿女的合作者，所以法律也指定他们为家庭的合作者。此外，法律还宣布男女双方从事他们各有所长的工作是光荣的。例如，对女人来说，待在家里要比住在田野里更体面，但对男人来说，待在家里就不如去照料外面的工作体面。如果一个男人的行为违反神赋予他的天性，或许他的反抗行为就会被神发觉，他将因忽视自己的工作或干预妻子的工作而受到惩罚。我觉得女王蜂忙的正是神给她指定的这类工作。"

她说："请问你，女王蜂的工作怎么会和我必须做的工作相似呢？"

我回答说："怎么会？她待在蜂房里，不让那些蜜蜂闲着；她打发那些应该在外面工作的蜜蜂出去工作；她了解并收受每一只蜂采回来的东西，把这些东西储藏起来以备所需。到了应该使用这些东西时，她把它们公平地分配给每一只蜂。她还监督蜂房里的建窝工作，让这些蜂窝能够又好又快地建筑起来。她照管雄蜂，使雄蜂能够得到及时的培育。小蜜蜂按时成长起来并能够工作时，她打发小蜜蜂出去寻求新的领地，安排一个领袖来领导这些年轻的冒险家。"

我的妻子问道："那么，我必须做这些事情吗？"

我回答道："你当然要做这些事情，你的责任就是待在家里，打发那些应该在外面工作的仆人出去工作，监督那些在家里工作的人；收受我们得到的东西，分配其中必须花费出去的部分，照管其中应该储藏起来的部分；要注意不要一个月花掉准备一年使用的东西。当给你送来毛布的时候，你必须叫人为那些需要斗篷的人缝制斗篷。你还必须照管干的谷物，使其不受损失，以制成食物。你还有另外一项责任，恐怕你不太喜欢：你必须注意让任何得病的仆人得到照顾。"

她回答道："如果那些受到很好照料的人会感激我们，并且比以前更加忠心，那是很值得高兴的事情。"

她的回答使我高兴，我继续说道："是呀，亲爱的，蜜蜂对它们蜂房里的女王蜂非常忠心，当女王蜂舍弃蜂房的时候，大家都跟着她，没有一个愿意落在后面。这是什么道理呢？不就是因为她做了这样一些细心的工作吗？"

我的妻子回答说:"如果在这些领袖活动上我比你更重要,那就使我觉得奇怪了。因为我想,如果不是你设法从外面搜集东西回来,我在家里对财物的照管和管理工作就显得毫无意义了。"

我反对道:"如果没有人照料我搜集回来的东西,那我的搜集工作也将是毫无意义的。你可知道,像俗话说的'用竹篮打水'的人多么可怜,因为他们在做着徒劳无益的工作。"

她回答道:"当然,他们如果这样做,的确是非常可怜的。"

我说道:"但亲爱的,我敢向你保证,有些其他专属于你的任务,做起来是很愉快的。使你高兴的事情是,教当初不会纺织的女仆学会纺织,使她对你有双倍的用处;照料和教育不懂得管家和做事的女孩子,使她变得可靠和能够做事之后,发现她很有用处;你有权奖励家里那些小心谨慎和有用的人,惩罚那变成坏人的人。①但最愉快的经验就是要证明你自己比我强,使我成为你的仆人。永远不要担心你老了以后在家庭里不受重视。放心吧,随着年龄的增加,你越将成为我的好伙伴,成为孩子们的好家庭主妇,你在这个家庭里就越受到尊重。

---

① 富有的雅典家庭其实就是一个生产工厂,家中的家庭成员、奴隶和自由人要尽可能多地生产各种材料、衣物、食物等,生产需要动用大量的人手。作为工厂的管理者,当时女性的政治权利比当今商业界赋予女性的权利要多,因为现在几乎所有监管工作都由男性负责。——原注

世界上美好的东西的数量之所以会增加,并不是靠外表漂亮,而要靠日常做好事。"

苏格拉底,这就是我能想起的,我和她最初谈话的大意。

——色诺芬《经济论》

●一个浪荡子

提马库斯是雅典的政治家,他是狄摩西尼反马其顿政策的拥护者。因此,提马库斯的观点同腓力二世的雅典朋友埃斯基涅斯是敌对的。狄摩西尼在试图控诉埃斯基涅斯受到腓力二世的贿赂时,得到了提马库斯的帮助。然而,提马库斯有着卑鄙、放荡、挥霍无度的坏名声。当时,雅典有规定此类人不得进行公共演讲。埃斯基涅斯利用这条法规压制提马库斯,使他无法成为控诉者。

埃斯基涅斯获得了成功,提马库斯的政治生涯以这种不光彩的方式画上了句号。埃斯基涅斯的讲话向我们提供了当时雅典的社会情况。下文尤其向我们展示了当时像狄摩西尼那个年纪的雅典人拥有的家产及某些人的挥霍无度。正是这种行为导致他们败光了所有家产。

赌博和大吃大喝败光了他的财产,而他邪恶的本性丝毫没有收敛,转而开始吞噬父母的家产。当他吃光喝光父母的东西之后,他变卖了自己所剩无几的几件东西,只为了能继续追求快乐。他在卫城北部有一间房子，在司菲都斯有一间房子，还有一间房子位于阿罗珀刻，他还有九到十个擅长造鞋的奴隶，每人每天都能为他挣两欧宝，商店的领班能挣三欧宝，还有一个女奴隶懂得纺织阿莫尔戈斯岛①的布料，还有一个男奴隶懂得刺绣。他还是债主，还有其他财产……他将城镇的房子卖给了喜剧诗人瑙斯克拉提斯，后来合唱队教练克里安尼都又花了二十迈纳从瑙斯克拉提斯的手中买了过去。至于位于阿罗珀刻的农场，他的母亲求他不要卖掉，即便不用来做别的，也可以将她埋葬在那里。但他连这里都没有放过，以两千德拉克马的价钱将它卖了出去。他的奴隶也统统被卖了，一个都不留。

——埃斯基涅斯《驳提马库斯》

● 演说家狄摩西尼的父亲的家业及遗嘱

公元前363年，狄摩西尼在自己二十岁的时候发表了《驳阿佛卜司》。古代的文学批评家认为狄摩西尼在准备针对不负责任的监护人的控诉时得到了伊赛奥斯的协助。我们知道，在发表第一次演说后，陪审团判决阿佛卜司偿还十塔兰特，但阿佛卜司进行了上诉。

最终，虽然狄摩西尼只要回了少许钱，但在这个过程中树立

---

① 阿莫尔戈斯岛是爱琴海上的一个小岛，位于纳克索斯东南。该岛出产羊毛或棉花制成的高品质衣物。——原注

起了专业演说词作者的声望，为未来的财富打下了基础。

下文为我们提供了公元前4世纪的制造业、投资、遗产等方面的信息。

> 尊敬的陪审团，我的父亲狄摩西尼去世时身家值十四塔兰特。他去世时，家里只有七岁的我、我年仅五岁的妹妹，以及带了五十迈纳嫁妆嫁过来的母亲。快去世时，父亲将所有家产都交给了自己的外甥和侄子，阿佛卜司和德摩丰，以及他儿时就认识的好友泰里皮德斯。他从我的财产中拿出七十迈纳给了泰里皮德斯，泰里皮德斯可以使用这些钱的利息，直到我长大成人。这么做可以防止泰里皮德斯因贪心而对我的财产造成损害。根据遗嘱，我妹妹带着两塔兰特的嫁妆嫁给德摩丰，我的母亲带着八十迈纳的嫁妆嫁给我现在的对手阿佛卜司，阿佛卜司还可以使用我的房屋和家具。父亲做出这些决定是为了拉近我与监护人之间的关系，更近的关系有利于他们行使监护权。这些人拿走了属于他们的遗产，在未来十年，由于对我有监护权，他们可以管理处置剩下的财产。十年即将结束的时候，他们移交给我房屋、十四名奴隶和三十迈纳的现金，共价值七十迈纳。然而他们拒绝给我其他财产。尊敬的陪审团，以上就是他们的恶行。但我希望你们能够详细听取我的财产哪部分是不盈利的，哪部分是盈利的，以及它们各自的价值。了解详情之后，你们就会明白这些人是多么厚颜

无耻地进行抢劫的。

　　以上事实可以证明我的财产的真正价值,共计十五塔兰特。我的父亲留下了两个工厂,生意十分可观。一个是造剑厂,雇有三十二个奴隶,多数奴隶价值五迈纳或六迈纳,其余奴隶至少每人价值三迈纳。造剑厂每年能带来三十迈纳的净收入。还有一个是沙发厂,以四十迈纳的价格抵押给了我的父亲,工厂雇有二十个工人。沙发厂每年能带来十二迈纳的净收入。还有一塔兰特的借款,每年的利息约七迈纳。这是我父亲留下的生产资本,本金为四塔兰特五十迈纳,年收入为五十迈纳。除此之外,还有工厂中的象牙、铁、木头等原料,价值八十迈纳;七十迈纳的铜;三十迈纳的房屋;家具、珠宝、衣物、装饰品等共价值一百迈纳;房屋中还有八十迈纳的现金。这是我父亲留在家中的财产。他还与苏托斯一同投资了七十迈纳,在帕西翁的银行中存了二十四迈纳,在皮拉德斯的银行中存了六迈纳。他借给了德摩米勒斯十六迈纳,还有各种各样的人向他借了些小钱,合计共约一塔兰特。这些资产合计十四塔兰特。

　　我父亲去世后,阿佛卜司根据遗嘱的要求搬进了我们家。他拿走了我母亲的金首饰和一个盘子。这样一来,他拥有了价值五十迈纳的财产。后来,卖奴隶的时候他又从德摩丰和泰里皮德斯那里得到一笔钱,凑齐了八十迈纳的嫁妆。当他拿到钱准备前往克基拉时,他给泰里皮德斯写了一个声明,说明自己收到了上述物品,并且确认自己已经拿到了嫁妆。关于这一点德摩丰和泰里皮德斯都是证人。除了德摩丰和泰里皮德斯,我的姑父——琉康尼安的德摩卡里斯和许多人都能证明。德摩卡里斯看到阿佛卜司拿走了嫁妆之后却不愿意照顾我的母亲,并且不愿意将房屋出租,而是要和其他监护人一同管理财产。于是,德摩卡里斯找阿佛卜司谈话。谈话时,阿佛卜司并没有否认拿到嫁妆,而是说他与我的母亲因金首饰而产生了一些争执,在问题解决之后一定会照顾我的母亲,并且做出对我有利之事。为了证明我所说属实,请读证词。

——狄摩西尼《驳阿佛卜司》

●希腊最著名的两位银行家:帕西翁和福尔米翁

在古希腊,唯一能够被称作公共银行的地方就是神殿。早期,城邦和个人会将钱存入神殿进行保管。到了公元前5世纪和公元前4世纪,人们很容易就能进行有利息的存取,换句话说,人们开始涉足银行业务。

私人银行是从货币兑换发展而来的,由奴隶和自由人掌控。因此,银行家通常是自由人。雅典最了不起的银行家是帕西翁,他生而为奴,在主人的工厂学会了如何做生意。获得了自由后,他开始了属于自己的事业。他因做事诚实而在整个希腊都有着良好的信誉。银行业其实就是用利息吸引存款,然后用存款去投资。从下文我们可以得知,通常会有两个或多个伙伴从事这一行业，但商业合作其实是稀少且不长久的。

公元前370年或公元前369年，帕西翁去世，他留下遗嘱，他的两个儿子阿波罗多洛斯和帕西克赖斯将继承他大部分财产。自由人福尔米翁将迎娶他的遗孀，从而获得一笔不菲的嫁妆，并且担任尚未成年的帕西克赖斯的监护人。帕西翁死后二十年，即公元前350年或公元前349年，阿波罗多洛斯起诉福尔米翁，要求福尔米翁偿还二十塔兰特。下文便是福尔米翁在法庭上的辩护词。在法庭上，听了辩护词之后，陪审团接受了他的辩护，阿波罗多洛斯对福尔米翁的起诉被判无效。本辩护词是狄摩西尼最著名的演说词，向我们揭示了银行业的运作及帕西翁和福尔米翁的性格特征。

尊敬的陪审团，众所周知，福尔米翁经验不足，不擅长演讲。[1]作为他的朋友，我们经常听他说起这些事情。因此，有必要向你们告知我们了解的情况。希望你们了解事实之后，能够遵守曾经的誓言，做出最公正的评判。福尔米翁对原告阿波罗多洛斯关爱有加，并且将他所有代为管理的东西全部移交给了原告。因此，所有对福尔米翁的控告都是不成立的。只是因为被告无法忍受原告的种种行为，原告就将其送上了法庭。接下来，我将简要阐述被告同帕西翁和阿波罗多洛斯之间的金

---

[1] 这句话想要表达的是，福尔米翁诚实坦率，所以之前从未被起诉，也未在法庭上发过言。这是演说者为博得陪审团的同情而惯用的伎俩。——原注

钱来往。听完之后，你们就会知道原告的行为是多么卑鄙了，也会决定本案是不可控告的。

首先，你们将听到帕西翁把银行和制盾厂租赁给福尔米翁的契约条款。请呈上合约及相关证词。

合约及相关证词①……

这就是在福尔米翁成为自由人后，帕西翁将银行和制盾厂租给福尔米翁的契约。同时，我有必要告诉你们帕西翁是如何欠银行十一塔兰特的。十一塔兰特来自他的商业活动。帕西翁拥有的土地价值约二十塔兰特。此外，他借出了至少五十塔兰特。五十塔兰特中有十一塔兰特来自银行的存款。被告人福尔米翁接手银行时，因为他当时还没有成为公民，所以不能回收帕西翁出租的土地和房屋。②因此，福尔米翁决定让帕西翁成为他的债务人，而不是那些真正的借贷之人。如此一来，正如证人的证词，是帕西翁欠了福尔米翁十一个塔兰特。

后来，帕西翁病倒了，并且拟定了遗嘱。请呈上遗嘱及遗嘱保管人的证词。③

遗嘱及相关证词……

帕西翁去世之后，福尔米翁根据遗嘱的要求娶了帕

---

① 通常，各种文书的内容不会被保存在发言稿内。——原注
② 除非获得特权，否则异邦人在阿提卡不能拥有不动产。因此，福尔米翁在成为公民之前，不能收缴以不动产为抵押的债务。由此，我们可以知道公民身份对商人来说是十分重要的。——原注
③ 示意法庭办事员拿出相关文件并在法庭上阅读。证词之前已写好保存，证人会出席作证，但不会给出更多证据或参与质询。——原注

西翁的遗孀①，并且担任了他的小儿子帕西克赖斯的监护人。然而，阿波罗多洛斯不断挪用并花掉共有财产。在监护人看来，如果根据遗嘱从共有财产中扣除阿波罗多洛斯花掉的财产，再将剩下的财产进行分配，那就剩不下什么财产可以分配了。因此，他们决定代表帕西克赖斯马上分配共有财产。除被告福尔米翁已经租赁出去的财产之外，他们分配了剩下的财产，出租收益的一半也定期交给原告阿波罗多洛斯。在这种情况下，原告阿波罗多洛斯为什么要进行控诉呢？就算有任何不满意，他也应该在分配的当下就提出，而不是等到现在。他也无法否认他的确收到了租金。帕西克赖斯成年之后，福尔米翁的租约也解除了，如果原告认为福尔米翁欠了他任何东西，当时就会马上向福尔米翁提出，而不会免除福尔米翁所有债务。为了证明以上我说的都是实话，请听证词。

证词……

福尔米翁租约解除之后，兄弟两人分配了银行和制盾厂。阿波罗多洛斯选择了制盾厂，但如果银行中有他自己的钱，他怎么可能不选择银行呢？②毕竟，工厂的

---

① 在遗嘱中安排妻子的再婚事宜，这是一种很常见的做法。——原注
② 阿波罗多洛斯声称自己在银行中有二十塔兰特的投资，而这部分钱一定早已在两兄弟中进行了分配。正是为了要回这二十塔兰特，阿波罗多洛斯才起诉了福尔米翁。显然，他并没有任何文件证据证明自己的说法。——原注

收入比不上银行,只不过工厂不存在任何风险,而银行则有一定的不确定性。

很多证据都能证明原告的言论充满了欺骗性。最强有力的证据就是租赁契约中写的是帕西翁欠银行钱,而不是在银行中有投资。其次就是在分配财产的时候,原告从未提及这笔钱……

——狄摩西尼《代表福尔米翁》

●向高利贷者借贷

阿尔西弗龙是希腊作家,显然他的作品模仿了卢奇安。因此,他与卢奇安应该是同一时代的作者,但年龄比卢奇安小。阿尔西弗龙应该生活在公元前2世纪末3世纪初。他创作了《书信》,共四册,描述了不同的人生阶段。阿尔西弗龙的创作灵感和史料一部分来自卢奇安,一部分来自阿提卡喜剧,一部分来自米南德。

虽然阿尔西弗龙的作品涉及历史事件和当时生活的点点滴滴,但展现的主要是公元前4世纪的场景。尽管阿尔西弗龙掌握的知识不多,但对我们了解公元前4世纪的生活还是提供了有用的材料。

亲爱的朋友,城市里的高利贷者是一个巨大的麻烦。当我需要钱在克洛诺斯购买农场的时候,我本应该向你或其他邻居寻求帮助。有一天,一个城市人将我介绍给了高利贷者。我看到一个眉头紧皱、满脸皱纹的老人，手里拿着一张年代久远且残缺不全的纸。高利贷者对我说话语气粗暴，仿佛说话浪费了他的时间。当我的介绍人说我缺钱的时候，高利贷者问我需要多少塔兰特。高利贷者给了我钱，要求我写下欠条，并且收取很高的利息，用我的房子作为抵押。这些人真的是个大麻烦，我再也不会向他们借钱了！

——阿尔西弗龙《书信》

●一个农民决定开始从商

虽然我辛苦耕耘，土地却无法给予我相同的回报。于是，我决定以海为生。每个人都要生活，然后死亡，没有人能避免。当死神降临的那一天，我们都无法逃脱。我们的生命正是由一个个机会构成的。生活在陆地上的人往往短命，而生活在海上的人往往长寿[1]。我对此坚信不疑，所以我要开始远航，与风浪为伍。与其待在阿提卡广阔的土地上忍饥挨饿，不如前往博斯普鲁斯和普罗庞提斯带回一笔新的财富。

——阿尔西弗龙《书信》

---

[1] 通常，生活在海上会面临更多的危险。这个人却故意反着说。——原注

●农场少年想要进城

我从未去过城市,也不知道城市究竟是什么样子。我想去看看新奇的景象,看看城市与乡村到底有什么不同。如果你有事要进城,请带上我一起吧。我的下巴上已经开始长出胡子了,我也要多学点东西才行。要进城的人们啊,没有谁比你们更适合带着我探索城市的神秘了。

——阿尔西弗龙《书信》

●格劳西佩不赞成自己的父亲

女儿对母亲说:"母亲,我再也无法克制自己了,也无法忍受嫁给美图姆那的那个小伙子。这是因为我在奥斯考弗里亚庆典[①]上见到一个城市的小伙子。母亲,他的长相十分俊美——弯曲的秀发如同海藻,散发着魅力,笑容就像平静的大海,蓝色眼眸就像初升的太阳照射的海面,他的嘴唇仿佛被阿佛洛狄忒胸前的玫瑰浸染过。我不是嫁给他,就是学习莱斯沃斯岛的萨福,从海角上一跃而下[②],只不过不是莱夫卡斯的海角,而是比雷埃夫斯的海角。"

[①] 在奥斯考弗里亚庆典上,年轻的男子会身着女装,拿着长满葡萄的葡萄藤游行。——原注

[②] 萨福也是以相似的原因结束了自己的生命。这个故事可能从萨福的某首诗中引申而来,并不是真实的。——原注

母亲对女儿说："亲爱的女儿，你一定疯了，失去控制了。你应该吃点藜芦①，一定要波奇司的安提库拉出产的才行。你要冷静下来，不要再胡思乱想了。如果让你的父亲知道了，他一定会把你扔到海里喂鱼的。"

——阿尔西弗龙《书信》

●斯巴达禁止肥胖的规定

来自尼多斯的阿伽撒尔基德斯是逍遥学派哲学家，公元前2世纪后半叶开始为人所知。他的作品包括十册的《亚细亚大事记》和九十四册的《欧罗巴大事记》。他的作品为狄奥多罗斯提供了十分重要的史料。选文阐述了公元前4世纪拉栖第梦人十分重视培养和保持公民强壮的体魄。下文中，阿忒纳乌斯引用了阿伽撒尔基德斯的《欧罗巴大事记》。

在《欧罗巴大事记》的第十六册中，阿伽撒尔基德斯曾经提到，昔兰尼国王马加斯，在位二十六年，从未参与过任何战事，终其一生过着雍容华贵的生活。在晚年时，马加斯变得异常臃肿不堪，缺乏运动和暴饮暴食最终夺去了他的生命。在第二十七册书中，阿伽撒尔基德斯又记载道，在斯巴达，如果一个人过度肥胖或暴饮

---

① 人们认为藜芦可以治疗神经错乱。从文中我们可以得知最好的藜芦产自波奇司南部海岸的安提库拉。——原注

暴食，将会身背骂名。青年男子每十天就要脱光衣服接受监督官的检查。除此之外，监督官还会每天检查他们穿衣及叠被的情况。斯巴达厨师的任务就是将肉食做得十分清淡。阿伽撒尔基德斯还提到拉栖第梦人曾经将生活奢华、体型肥硕的诺克里底带到公民大会上。吕山德当众斥责诺克里底是毫无男子气概的酒色之徒，并且警告诺克里底如果再不做出改变，就把他逐出斯巴达。吕山德告诉大家，阿格西劳斯二世来到达达尼尔海峡附近的城邦同蛮族开战时，发现亚细亚人虽然身着华袍，身体却无力至极。因此，阿格西劳斯二世下令扒光战俘的衣服并售卖战俘。然后，阿格西劳斯二世又单独售卖战俘的衣服。

第4章

希腊各王国的行政、手工业及教育状况

(公元前337年到公元前30年)

Administration, Industry, and Education in the Hellenistic Kingdoms

(337—30B.C.)

●亚历山大大帝及希腊城邦

一、亚历山大大帝写给希俄斯岛人的信（公元前333年到公元前332年）

公元前334年，亚历山大大帝入侵亚细亚时，马其顿已经是一个君主国家。因此，亚历山大大帝有着双重身份：既是马其顿的国王，也是他的父亲腓力二世成立的希腊同盟的首领。究竟该如何处置公元前334年从波斯人手中解放出来的小亚细亚沿岸的希腊城市，在信中，亚历山大大帝进行了说明。

公元前333年，波斯舰队军官罗得岛的门农占领了希俄斯岛，在希俄斯岛上推行寡头政治。后来，公元前332年，希俄斯岛上受欢迎的党派将希俄斯岛归还给试图收回它的马其顿的军队。这封信应该是写在马其顿人收回希俄斯岛不久之前。

亚历山大大帝致希俄斯岛人民书

所有从希俄斯岛被流放的人都将返回，希俄斯岛要实行民主政治，仔细挑选专家来编订法律，以便为民主政治和流放者回乡去除一切障碍。各种既定的法律要呈交亚历山大大帝。

希俄斯岛人要装备二十艘三层桨战船，只要希腊舰队为我们效力，这些战船就要参与航行。

把城邦交给蛮族的人，凡是已经逃跑的，按照希腊的法令当作逃犯，应从盟国的城邦里驱逐出去。凡是被捕的，都将移送法庭接受裁决。

如果从前被驱逐的人与城里人发生纠纷，将由我们的法庭进行裁决。在希俄斯岛的人们和解之前，将有一支受亚历山大大帝指挥的军队驻扎在此。这支驻军地位重要，不可或缺，经费由希俄斯岛人负担。

二、一桩仲裁案中阿尔戈斯公民大会做出的判决（公元前337年到公元前330年）

阿尔戈斯民众大会做出的如下判决是希腊仲裁的一个有趣例子，让我们了解了腓力二世或亚历山大大帝是如何利用希腊同盟议事会的。

> 以神的名义！
> 针对希腊同盟议事会提及的案子，阿尔戈斯人做出以下决定。无论阿尔戈斯人做出怎样的裁决，塞摩洛斯人和米洛斯岛人都将接受。判决的结果是：波利亚格斯、伊特利阿和利比伊阿属于塞摩洛斯，塞摩洛斯胜诉。

●亚历山大大帝及其继业者领导下的亚细亚领地

一、关于普里恩及其附近领地的法令

波斯帝国的最西边也被攻陷之后,亚历山大大帝这位年轻的国王面临着一个新的管理问题。那就是处理波斯国王的领地的问题。当时,亚历山大大帝的统治疆域可以分为四个部分:马其顿王国、希腊同盟、小亚细亚的希腊城邦及征服的波斯领土。亚历山大大帝与每一部分都有着特殊的关联:他是马其顿的国王,希腊同盟的首领,小亚细亚希腊城邦的解放者,波斯国王权力的继承者。在法令中,以上关联都有体现。普里恩被分成了城邦领地和属于亚历山大大帝的皇家领地。这是亚历山大大帝及其继业者面临的皇家领地问题的开端。

亚历山大大帝的法令

生活在纳欧罗中[1]的人,只要是自治的自由人,都可以保留自己的土地和普里恩城内的房屋……而周围的土地,即皇家领地,则属于我,生活在皇家领地村庄的人要上缴贡赋。

二、波斯贵族的领地

卡尔迪亚的欧迈尼斯在弗里吉亚打败克拉特罗斯和尼奥普托列墨斯后,打算寻求方法使自己的利益不受马其顿将军的损

---

[1] 普里恩的港口,位于迈安德河河口。——原注

害，却发现自己陷入了财政困境。为了让马其顿军队保持对自己的忠诚，他需要想办法支付军队钱财。他采用的方法揭示了弗里吉亚当时的土地状况。一个拥有土地的贵族自然掌握着巨大的财产，耕田的农民也归贵族所有。卡尔迪亚的欧迈尼斯接受亚历山大大帝的理论，同意被占领的波斯领土属于征服者。

> 他答应士兵将在三天之内获得军饷。目前没有这么多的钱，只能将这个国家所有的农庄和城堡，连同那里的农民和牲口卖给他们。购买了这些地方的将领和军官利用卡尔迪亚的欧迈尼斯提供的攻城器械围攻这些地方，士兵们则根据军饷的多少按照比例瓜分获得的战利品。
>
> ——普鲁塔克《欧迈尼斯》

三、亚历山大大帝的继业者对皇家领地的转让（公元前306到公元前303年）

文件记录了一个叫尼斯玛托斯的人写给阿耳忒弥斯神殿金库的抵押契据。1910年，在阿耳忒弥斯神殿金库内的墙上，该铭文被美国考古学家发现。这笔抵押发生的背景是什么，只有通过铭文才能知晓。

在抵押发生的一段时间之前，安条克一世[①]将一大片位于吕

---

① 公元前306年到公元前301年，安条克一世以国王的名义统治着小亚细亚。——原注

底亚的土地授予尼斯玛托斯，原因我们不得而知。这应该发生在公元前306年之前，因为当时安条克一世还没有成为国王。后来，尼斯玛托斯被迫向阿耳忒弥斯神殿金库借了一千三百二十五个斯塔特金币。当借款到期时，他无法偿还债务，从而抵押了从安条克一世那里获得的土地。

铭文反映了亚历山大大帝的继业者对之前波斯国王的皇家领地的态度。在小亚细亚西部，塞琉古王朝会通过赠予或出售的方式减少皇家领地。

> 安条克一世将土地赠予我。现在神殿的看守人要求我偿还从阿耳忒弥斯神殿金库借的金子，但我无力偿还。因此，我将抵押下列土地：位于萨迪斯平原的叫托巴木拉的村庄、坦德斯村及科木地里皮亚村。上述村庄应每年支付五十斯塔特金币的租金。我在托巴木拉旁边的金纳洛阿也有一块土地，一年的租金是三斯塔特金币。我在摩斯塔斯河流域有一个叫波利阿萨索斯塔的村庄，应每年支付五十七斯塔特金币的租金。我在摩斯塔斯河流域的纳格利奥阿也有一块土地，一年的租金是三斯塔特三欧宝。

四、塞琉古王朝对皇家领地的转让

当赠予或出售发生时，需要记录土地转让的情况。为了征税，所有土地都被国家记录在案。若要出售或赠予某片土地，需将其从皇家领地的记录中删除，并且将其转移到相关城邦的土地记录上。塞琉古王朝的税收主要有两个来源：一是来自皇家领地的贡物，二是来自各城邦的赋税。因此，土地和农民不是在皇家领地的记录中，就是在某个城邦的记录中。当皇家领地发生赠予或出售时，获赠或购买土地之人可以将土地及农民分派给任何一个城邦，从而土地变成了那个城邦的一部分。

以下资料是安条克一世写给赫勒斯滂总督梅利埃格的信。在信中，安条克一世要求梅利埃格将伊利昂周围的皇家领地分出一部分给一个叫阿里斯托西提斯的人。阿里斯托西提斯可以将赠予他的这部分土地登记到任何一个临近的城邦。最终，阿里斯托西提斯选择了伊利昂。然后，梅利埃格给伊利昂人写了一封信并附上了安条克一世的信。

> 梅利埃格向伊利昂人致意：阿索斯的阿里斯托西提斯向我提交了国王安条克一世的信，信的内容我随后附上。阿里斯托西提斯也亲自向我说明，尽管许多城邦都答应为他授冠[①]，但他还是决定将赠地登记在你们的城邦名下。这是阿里斯托西提斯对你们的好意。他本人会告诉你们，他想从你们那里获得什么。你们应出台法令表明你们之间的友谊，然后根据他的意愿将法令刻在石碑上，并且放在神殿中。
>
> 安条克一世向梅利埃格致意：我们赠予了阿索斯的

---

① 古希腊嘉奖杰出人士的一种方式。——译者注

阿里斯托西提斯两千普勒特鲁姆[①]的耕地，可以将其登记在伊利昂或斯塞珀西斯。你可以从靠近吉基撒或斯塞珀西斯的区域选取一块面积为两千普勒特鲁姆的地赠给阿里斯托西提斯，并且将其登记在伊利昂或斯塞珀西斯。再见。

五、塞琉古王朝对皇家领地的转让（公元前253年）

文件记录了将库齐库斯周围的一片皇家领地出售给安条克二世的皇后——劳迪丝一世的过程。石碑上半部分已经遗失。石碑的内容包含：一是赫勒斯滂的城市长官尼各马科命令其下属确保交易能够顺利执行；二是赫勒斯滂的总督梅特罗法内斯写给尼各马科的信，其中包含了安条克二世写给梅特罗法内斯的信。铭文始于安条克二世的信的中间部分。售卖的真正步骤同铭文是颠倒的：第一，安条克二世将土地卖给劳迪丝一世；第二，安条克二世写信给总督梅特罗法内斯；第三，梅特罗法内斯写信给城市长官尼各马科并附上国王的信；第四，尼各马科写信给下属，附上总督梅特罗法内斯的信和国王的信；第五，下属添加土地出售记录后，根据安条克二世的命令将这四份文件在五个地方公布。我们的这份铭文出自迪迪马的阿波罗神殿。

劳迪丝一世买下了帕诺斯村及其所属的土地、农

[①] 略小于四分之一英亩（1英亩约等于4046.86平方米。——编者注）。——原注

民、农民的房屋与财产，以及第五十九年①的税收——三十塔兰特的银子。从劳迪丝一世那里买下或接收土地的人可以完全拥有土地，并且可以将土地登记在任何一个城邦，除非劳迪丝之前已经将土地登记给了某个城邦。在这种情况下，购买者仍拥有土地的所有权。至于出售的金额，将分三次划入军事财政中。

将此次售卖记录在萨迪斯的王室档案中，并且刻在五个石碑上，将这五个石碑分别放在伊利昂的雅典娜神殿、萨莫色雷斯神殿、以弗所的阿耳忒弥斯神殿、迪迪马的阿波罗神殿及萨迪斯的阿耳忒弥斯神殿。下令马上对土地划定界线，用界石进行标记，并且在上述的石碑上标注出界线……

六、皮塔纳人和米蒂利尼人针对边界问题提请仲裁（公元前2世纪中期）

早在公元前7世纪，希腊人就开始仲裁边界问题及不同城邦之间的其他冲突。这可以算得上是国家间真正的仲裁，因为在早期，城邦都是独立的，并且拥有着相近的军事实力。在希腊同盟形成之后，各城邦独立行动的自由被缩减。马其顿国王腓力二世和亚历山大大帝都试图通过近邻同盟大会的仲裁解决希腊城邦间各种各样的冲突。在亚历山大大帝驾崩后的希腊各位国王的统

---

① 这是塞琉古王朝统治的第五十九年，公元前312年，塞琉古一世在巴比伦建立王朝。——原注

治下，许多希腊城邦恢复了完全的自由。埃托利亚和亚该亚同盟同样使用仲裁解决问题。随着罗马的崛起，罗马元老院[①]开始在地中海东部的事务中占据支配地位。随着权力开始向罗马元老院倾斜，仲裁的进行越来越困难，对弱国和半独立国家的制裁也开始了。可以说，希腊城邦间真正的仲裁在公元前146年之后就消失了。

下文是由在帕加马遗址上找到的二十五块大理石石碑的碎片拼凑而成的。内容是仲裁某块土地所有权的争端，共包括三个部分：一是皮塔纳将此事移交给帕加马仲裁人的法令；二是与前者相似的米蒂利尼的法令；三是帕加马人进行的调查和发现的证据。根据文体可以推断此铭文产生于公元前2世纪中叶。

（一）皮塔纳的法令

> 皮塔纳的最高行政官做出了以下发言：
> 皮塔纳和米蒂利尼同意让帕加马人担任我们争端的仲裁人，他们应开始取证，并且从双方的立场出发分析争端，最后向两个城邦汇报他们的决定。他们的决定是神圣不可修改的。双方接受之后，他们应将决定刻在石碑上，还应刻上定好的其他界线。与此相关的其他问题都应得到解决，从而双方不会再因同样的原因产生冲突……邀请使者参加宴会，皮塔纳的最高行政官要确保所有的事情得到执行。

[①] 由二十八名元老组成。——原注

(二) 米蒂利尼的法令

米蒂利尼和皮塔纳同意让帕加马人担任我们争端的仲裁人,他们应开始取证,并且从双方的立场出发分析争端,最后向两个城邦汇报他们的决定。他们的决定是神圣不可修改的。双方接受之后,他们应将决定刻在石碑上,还应刻上界定好的其他界线。与此相关的其他问题都应得到解决,从而双方不会再因同样的原因产生冲突……邀请使者前往城市公共会堂参加宴会。

(三) 帕加马议事会的法令

根据协定,应解决所有分歧,不能因意见不合再产生相同的冲突……我们前往帕加马……在狄俄斯库里神殿中起誓……

塞琉古一世打败了利西马科斯之后,他的儿子安条克一世获得了王权,安条克一世以三百三十塔兰特的价格将大片土地卖给了皮塔纳人。关于这桩交易,他们写下了相关的字据。伊利昂、提洛岛和以弗所的石碑上记录了安条克一世的信,明确了这片领土的所有权……他们还提供了一个证据,欧迈尼斯[①]开始掌管帕加马的事务之后,承认了塞琉古一世写给皮塔纳人的信,其中有

[①] 公元前263年到公元前241年,欧迈尼斯掌管着帕加马的事务。——原注

一句这样写道："我们授予你们对这片土地永久的所有权和完全的统治权"……

●亚历山大大帝对埃及的管理

一、埃及财政长官克莱奥梅尼对埃及人的压迫

埃及被亚历山大大帝占领之后的十年里，一直接受着亚历山大大帝建立的政府的管理。亚历山大大帝因包容埃及居民的宗教信仰而赢得了埃及祭司的支持。亚历山大大帝让当地的贵族担任政府部门的官员，从而减少了政府内部的摩擦。埃及的军事部门有三个领导者，两个管理陆军，一个管理海军。领导者由马其顿人或希腊人担任。民政部门由两位埃及总督——多罗斯皮斯与皮提希斯——共同管理。财政部门则掌握在克莱奥梅尼手里。克莱奥梅尼是一个十分有能力、不择手段的人。埃及的物产富饶这一特点决定了财政长官是三者中最重要的职务。在亚历山大大帝不在的时候，克莱奥梅尼自然成了埃及的最高领导者。克莱奥梅尼贪婪成性，压迫埃及的各个阶层，尤其是祭司和商人。亚历山大大帝去世后，托勒密一世取得了对埃及的统治权，成为总督。他立马下令处死克莱奥梅尼。这也为托勒密一世赢得了人们的支持。下文中将介绍克莱奥梅尼使用的压榨手段。

克莱奥梅尼担任埃及总督的时候①,其他地区正在经历一场严重的旱灾,而埃及的受灾程度不大。当时,克莱奥梅尼下令停止粮食的出口。各省长声称不能出口粮食便无法上贡。于是,克莱奥梅尼便给了各省长出口粮食的权利。但克莱奥梅尼给粮食加价,这样自己便能获得高的税收,而省长们也再没有理由拒绝上贡了。

有一次,克莱奥梅尼正坐船经过埃及的某个省,他的一个奴隶被鳄鱼叼走了,而鳄鱼正是那个省的神灵。克莱奥梅尼召集这里的祭司,告诉祭司他想要惩罚鳄鱼,于是,便下令捕杀鳄鱼。祭司们为了保护他们的神灵免受伤害,便把他们所有的钱都给了克莱奥梅尼,事情才得以平息。

亚历山大大帝曾经命令克莱奥梅尼在法洛斯岛②附近建一座城,并且把曾经位于卡诺珀斯的市场迁到那里。于是,克莱奥梅尼顺着河来到卡诺珀斯,并且同这里富有的公民和祭司说他要将他们安置到别处。公民和祭司便凑钱交给克莱奥梅尼,让克莱奥梅尼将市场留在此处。克莱奥梅尼拿着钱离开了。后来,克莱奥梅尼开始准备修建市场的时候,再次来到卡诺珀斯,告诉那里的人们将市场建在别处对他更有利,除非他们能够支付

---

① 克莱奥梅尼担任的是埃及的财政长官,他在亚历山大大帝不在的时候取得了最高权力,所以被希腊人安上了总督这一错误的名号。——原注
② 位于亚历山大港。在岛上,托勒密一世修建了法洛斯岛灯塔。——原注

给他一大笔钱。人们告诉他无法凑够数额如此庞大的一笔钱，他便将人们都迁往了新的地方。

当谷物售价为十德拉克马的时候，克莱奥梅尼将卖家召集起来，询问他们愿意多少钱把谷物卖给自己。卖家回答卖给他的价钱肯定比卖给零售商的低。他却命令卖家以同样的价格卖给自己，然后他上调售价到三十二德拉克马，并且把买来的谷物又卖了出去。

有一次，克莱奥梅尼召见祭司，告诉他们整个国家花在神殿事务上的钱太多了，必须削减神殿和祭司的数量。祭司们为了保留自己所在的神殿和自己的职位，纷纷向他贡献各种神圣的宝物。

——亚里士多德《经济学》

二、克莱奥梅尼对小麦的操控及产生的影响

在整个埃及，克莱奥梅尼大规模地操控小麦。在狄摩西尼《驳狄俄尼索多罗》的演说中我们知道，当时，精通小麦贸易的人都认为，公元前330到公元前326年，雅典小麦价格的疯涨是由克莱奥梅尼造成的。

下文选自诉狄俄尼索多罗违约一案中狄摩西尼的演说。两位雅典人借给了狄俄尼索多罗三千德拉克马，用来资助一条船将粮食从埃及运到雅典。借款的抵押便是那条船。然而，狄俄尼索多罗并没有将粮食运到雅典，而是运到罗得岛进行售卖。粮食卖光之后，他打算进行结算，并同意偿还借款和支付直到粮食卖光之前利息。他的债权人则起诉他，要求他支付从借款到本案审理期间——一共两年的利息。

尊敬的陪审团，根据刚刚诵读的契约，狄俄尼索多罗和他的合伙人从我们这里拿了钱之后，便让船前往埃及。他的合伙人和船一同前往了埃及。尊敬的陪审团，请不要忘记，这些人都是克莱奥梅尼的同伙，他们通过买卖控制小麦的价格，对你们的城邦和希腊其他城邦都造成了严重的伤害。这些人有的将小麦运出埃及，有的前往市场，有的待在这里售卖刚运来的小麦。那些待在这里的人会给前往国外的人写信，让他们随时知晓小麦最新的价格，如果这里的价格高就将小麦运到这里，如果价格低则将小麦运到其他市场。尊敬的陪审团，粮食的价格正是通过这种书信往来决定的。

当船从这里离开时，小麦的价格还很高。因此，契约的附文中写着船将前往雅典，不去其他市场。之后，西西里的小麦船回到了雅典，小麦价格下降，而他们的船也已经到达了埃及。狄俄尼索多罗派人前往罗得岛告知同伴小麦价格下跌，因为他知道船一定会驶到罗得岛。他的同伴得到这个消息后，便将粮食在罗得岛卖了出去。尊敬的陪审团，由此可见他们两人对契约和契约规定的违约惩罚的轻视。这也是对你们制定的法律的轻视，因为法律明确规定船长和商人要根据约定驶入市场，违反者则要重金处罚。

——狄摩西尼《驳狄俄尼索多罗》

三、雅典关于小麦供应的法令

公元前330年到公元前326年，雅典元老院和公民大会出台了一系列法令，从中我们可以进一步了解操控小麦和其他粮食产生的影响。这些法令的内容和目的都十分明确，难以判断的是它们出台的顺序和它们之间的关联。IIB[①]在石碑上看似是第一个法令，实则是最晚出台的。

第一个法令出台于亚里斯多丰执政后不久。那一年，赫拉克利德运进了三千墨狄姆诺斯[②]的粮食并以每墨狄姆诺斯五德拉克马的价格卖出，以减轻饥荒。这一慷慨的做法造成了法令IA、IB、IC的出台，在石碑上最先出现的IC其实才是法令的最终形式。提出了第一个方案的忒勒马科斯因为不是元老院的成员，所以不能在元老院上提议。因此，他在公民大会上提出了预备方案IA，并且要求元老院起草法令提交给公民大会。元老院在凯菲索多托斯的提议下起草了IB。在这个初步议案的基础上，忒勒马科斯在其中添加了向赫拉克勒亚僭主狄奥尼修斯派出使者的条款，最终形成了IC。

第二个法令IIA和IIB的出台同样源于赫拉克利德的慈善之举。他给了城市三千德拉克马来购买粮食。元老院成员费琉斯向元老院提出议案IIA并获得通过。IIA经过了公民大会的审议并成了人民的意志IIB。

[①] IA、IB、IC 及 IIA、IIB 为序号，分别代表第一个法令的第一版、第二版、第三版（最终版）及第二个法令的第一版、第二版（最终版）。——译者注
[②] 1墨狄姆诺斯为52.53升。——译者注

IIB 愿众神与我们同在。

萨拉米斯人赫拉克利德尽心尽力主动为雅典人提供服务。之前，在粮食短缺的时候，他先是向城邦提供了价值五百德拉克马的小麦，后来又给了城邦三千德拉克马用来购买粮食。在其他事情上，赫拉克利德也一直对人们慷慨友好。公民大会决定授予萨拉米斯人赫拉克利德美誉及金冠。他和他的后代将被授予特殊贡献的头衔，并且有权在雅典拥有土地和房屋[①]。他们和雅典人一样要服兵役并支付财产税。部团期的书记要将此法令及授予赫拉克利德的荣誉刻在石碑之上，并且将其放在卫城中。司库官要从颁布法令的费用中拿出三十德拉克马用于此法令的雕刻。

IC 萨拉米斯人赫拉克利德是第一个在亚里斯多丰执政时期以五德拉克马价格出售粮食的商人。由于他对雅典人的慷慨，公民大会决定赞扬赫拉克利德，并奖给他金王冠。由于他的船被赫拉克勒亚人劫持，故将从雅典人中选出一个使者前往赫拉克勒亚，与赫拉克勒亚僭主狄奥尼修斯交涉，要求其交还船，以后不得伤害任何驶往雅典的人。司库官要从颁布法令的费用中拿出五十德拉克马作为使者的旅行费用，伊洛西斯人的狄巴格尼斯被选为使者。

---

① 根据雅典的某些法律，异邦人可以在雅典购买并拥有房产和土地。——原注

●托勒密王朝时期埃及的土地制度

一、土地拥有者去世后土地应归还国王

最近在埃及发现的莎草纸让我们对希腊化时代的埃及的政治经济情况有了全新的认识。在托勒密王朝时期的埃及,没有私人所有的耕地。在任何情况下,土地都归国王所有。尼罗河沿岸的富饶土地大部分由政府直接管理,由与王室有特殊关系的农民耕种。他们组成了埃及农业人口中一个特殊的阶级,被称为"王室耕种者"。由国家直接租赁给农户的土地被称为"王室土地"。

还有一类土地被称为"授田",包括了神殿使用的土地或圣地;赠予的土地和分配给贵族等使用的土地,但这些人对土地没有所有权,对土地上的耕种者也没有管理权;分配给当兵之人的土地,他们需要自己耕种土地并向国家上缴一部分收成。

下文选自一位官员写给另一位官员的信,内容是因为一位士兵去世所以要没收分配给他的土地。显然,亚蒙尼和阿利斯塔克是两位官员的名字,并且亚蒙尼比阿利斯塔克的官阶更高。下文清楚地表明了分配的土地是属于国家的。

> 亚蒙尼写给阿利斯塔克:阿提米多鲁斯写信告诉我们,在法拜沙①附近,一个拥有分配土地的人去世了。他是雇佣骑兵团的一个士兵,叫塞德洛斯。把分配给他的土地收回国库。至于土地的产物,收回土地之后的所有

---
① 埃及法雍地区的一个村庄。——原注

产物也都上缴国库。

二、分配的土地可继承(公元前218年到公元前217年)

通过上文我们可以得知，分配给士兵的土地属于国王。需要注意的是，在托勒密王朝时期，这种分配的土地不能通过遗嘱由父亲传给儿子，也就是说，不存在土地私有制。但土地的使用权是可以继承的，前提是父亲去世后儿子能够服兵役。下文便阐述了分配土地是如何发展为可继承的。

斯特拉图克利和拉米斯库斯是拥有相同权力的、负责分配土地给士兵的官员。前两封信是他们写的信，第三封信是写给他们的信。

赫杜鲁斯和戴克森德洛斯是已经去世的两位有分配土地的士兵。

第一封信：

我附上了马西亚斯写给我们的信，从而你们也能了解其内容。

马西亚斯向斯特拉图克利和拉米斯库斯致意。我们附上了写给西奥格尼斯的信，请你们按照信的指示办事。

致西奥格尼斯：

分配的土地及土地当年的产物。

赫杜鲁斯，赫杜鲁斯的儿子。

戴克森德洛斯，尼康的儿子。

第二封信:

致荷鲁斯,附写给城市长官赫拉克利德的信。

致赫拉克利德:

下令将出售红酒的收益——合计四十二德拉克马上交给官员迈塔琉斯,作为当年税收的一部分,并开具收据。

第三封信:

斯特拉顿向斯特拉图克利和拉米斯库斯致意。我为你们附上了写给西奥格尼斯的信,请你们按照信的指示办事。

致西奥格尼斯:

负责变更分配土地的官员拉米斯库斯写信告诉我们:在阿西诺特拥有三十阿路拉[①]分配土地(属于他和他的后代)的马其顿士兵去世了。下令给计量官赫拉克利德和王室大臣荷鲁斯,由他们负责管理土地当年的收成,直到将此土地分配给逝者的儿子——如果逝者有儿子的话……

莎草纸由此破损。

---

① 土地面积单位,1阿路拉约等于0.625英亩。——译者注

三、针对一次破坏行为的诉状(公元前218年)

如下文的资料显示,政府赠地是通过转租的方式耕种的,并且耕种者受国王的管辖,不受地主的管辖,即便与地主的收入有直接关系时也是如此。下文就是一个很好的例子。国家有权将分配的土地从一个转租者或耕种者那里转移给另外的转租者或耕种者。这意味着国家对土地有着坚定不移的所有权。

克里塞摩斯的政府赠地的耕种者伊多墨纽斯向托勒密一世致意。我遭到了陶斯的儿子帕特巴斯提斯和克利伊西斯的儿子荷鲁斯的不公正对待。我从克里塞摩斯那里租了两阿路拉的地,并且在地里种下了野豌豆。但帕特巴斯提斯和荷鲁斯用水淹坏了我的所有种子。于是,我没有钱支付其他费用了。因此,国王,我恳求您,如果可以,请您命令迪奥芬将军①写信给首席执法官赫费斯提翁,让他抓捕罪魁祸首帕特巴斯提斯和荷鲁斯。这样一来,我就能在迪奥芬的法庭上控诉他们。如果我能够证明他们的确淹坏了我的种子,请让他们接管我耕种的土地,支付地租,并且让他们给我一块同等大小的土地。我的国王,只有求助于您,我才能够支付克里塞摩斯的租金。

祝您好运。

---

① 起初,将军只负责军队事务,后来成为一个省负责民事和军事的首领。——原注

四、王室耕种者的誓词（公元前107年）

托勒密王朝的国王作为埃及的统治者，拥有整个国家的所有土地，并且收取农作物作为土地的租金。因此，托勒密王朝的国王们可以大规模从事粮食、蔬菜和水果贸易。收取租金需要在全国范围内部署大量官员，负责收取租金的部门的长官叫迪奥赛特斯。他的办公室位于亚历山大港，这里也是王室谷仓的所在地。王室土地是埃及最好的土地，租给了王室耕种者耕种。王室耕种者都是自由人，来自埃及的各个阶层。需要注意的是，这些土地不是由奴隶耕种的。这也帮助我们进一步了解了埃及的经济和社会情况。

在需要的时候，政府会宣布出租土地。当新的租约安排妥当，旧的租约就会作废。居民会纷纷给出他们的报价，政府会接受最有利于自己的条件。手写的报价在政府当局盖章之后，就形成一个有法律约束力的契约。据我们所知，租约的期限是不确定的，在政府想要再次出租的时候自动终止。

王室耕种者每年从当地长官那里接过谷种的时候还需要签署一份文件。一张残破不堪的莎草纸向我们展示了王室耕种者签署的文件的内容。王室耕种者从播下种子到收获结束都需要遵守誓约，从而成了被土地束缚的农奴。

> 我将诚实地献出土地的产物，我将每天出现在土地上进行耕作，直到我能够上交足量的粮食……我不会求助于神殿、圣坛或任何圣地，我也不会耍手段、搞阴谋以逃避我作为耕种者的责任……

五、收取地租

收取王室土地的地租并将收取的物产运回王室的谷仓，对政府来说，是一个重大事项。在粮食保管员的监督下，王室耕种者将收获的粮食送到村外的打谷场，在打谷完成之前不得移动粮食。然后，在村子的长官、粮食保管员和王室耕种者的见证下，完成对政府地租的支付。王室耕种者还要负责将谷物运送到最近的政府谷仓。一旦谷物进入政府谷仓，后面的处置和运输就由政府官员负责。

当地官员负责将谷物运输到尼罗河沿岸更大的谷仓中，将由职位更高的财政官员监管。根据下文，用船将谷物运送到亚历山大港的权利属于私人承包商，他们使用自己的船运输。下文是来自西奥菲勒斯的一纸诉状，他是承包商安提克利斯的一个代理人。安提克利斯雇用的几个船木工在邻村被逮捕拘留。因此，安提克利斯负责的货运延迟了。

西奥菲勒斯致财政官员托勒迈俄斯，控告安提克利斯对粮食的运输情况。负责维修船的船木工皮尼利斯和厄里阿诺皮斯遭到警长赫拉克利德的逮捕。托勒迈俄斯找到其下属赫拉克利德，告诉了赫拉克利德情况的紧急性，财政官员托勒迈俄斯给警长赫拉克利德写信，要求释放船木工。

但如今，我听说警长赫拉克利德无视财政官员托勒迈俄斯的信,而是需要您或迪奥赛特斯^①亲自写信给他。在我看来,最好的办法是您写信给警长赫拉克利德,下令释放船木工。这样一来,运输的船就不会没人管理了。否则,粮食运输将中止。

●希腊的教育

一、公共教育的捐赠基金(公元前162年)

在早期,即公元前500年到公元前300年,希腊城邦的私立学校有一部分被公立学校取代。富有的公民和国王通过捐赠基金来进一步发展公共教育。没有任何迹象表明初等教育是强制的。波利比阿对罗得岛人接受给学校捐赠的态度,反映了有文化之人对教育的价值和尊严的看法。

> 罗得岛人虽然在其他方面都维持着自己城邦的尊严,但在这一时期,犯下了一个小错误。他们从欧迈尼斯二世^②那里接受了八万墨狄姆诺斯的粮食用来投资,并且把获得的利润用来支付学校老师的工资。一个人在财政困难的时候,为了让孩子接受教育,可能会接受朋友的资助。但在资金充足的情况下,一个人绝不会同意让自己的朋友帮忙支付老师的费用。一个城邦对尊严的

---

① 托勒密王朝财政部门的总长官。——原注
② 帕加马的国王,公元前197年到公元前159年在位。——原注

概念应该高过个人,尤其罗得岛这个充满财富和虚荣的城邦。

——波利比阿《通史》

二、忒欧斯的公共教育（公元前3世纪上半叶）

该铭文在古忒欧斯遗址附近发现,为我们提供了忒欧斯教育体系的相关信息。忒欧斯公民波利特拉斯设立了一个捐赠基金,基金的利息被用来支持忒欧斯年轻人的教育。忒欧斯公民大会的法令记录了根据投票选出六个教师进行为期一年的授课,为他们每人规定了工资,大致规定了所要教授的科目,并且指定负责公共教育的官员——青年教官和竞技监督官——来执行各种细节。根据铭文,由专门的财政负责人管理捐赠基金并负责为教师发放工资。

在选出竞技监督官之后,还要选出一名少年指挥官,少年指挥官年龄不得超过四十岁。为了使所有拥有自由身份的男孩得到教育,奥涅西莫斯的儿子波利特拉斯捐了三万四千德拉克马。为此,我们也做出如下规定。每年,在选出议事会和公民大会的书记之后,要任命三个文学老师,给男孩和女孩上课。给一年级[①]上课的老师每年工资为六百德拉克马,二年级为五百五十德拉克马,三年级为五百德拉克马。还要任命一位演奏竖

---

① 学生一共要上三个年级的课程,最低年级的老师工资最高。——原注

琴的老师，每年工资为七百德拉克马。他要教完成上述学业的男孩音乐理论和弹奏竖琴，并教授十八岁到二十岁的男青年音乐理论，如果有闰月，则要多付一个月的工资。同时，少年指挥官和竞技监督官还要雇用一个教授重兵器作战的老师和一个教授剑术、投标枪的老师。他们的人选需要经过公民大会的批准。教授剑术和投标枪的老师工资为二百五十德拉克马，教授重兵器作战的老师工资为三百德拉克马。教授重兵器作战的老师至少要教两个月。少年指挥官和竞技监督官要确保青年男子和男孩受到了细致的教导。[①] 如果文学老师对学生的数量有争议，由少年指挥官决断，其他人需要听从少年指挥官。至于必须举办的公开授课，文学老师可以在竞技场举行，音乐老师可以在元老院大厅举行……

三、音乐在阿卡迪亚人教育中的地位

从下文波利比阿说的话中，我们可以知晓希腊人对音乐教育的态度。同时，我们要记住即便是在波利比阿生活的年代，阿卡迪亚人也算得上是希腊人中比较落后的族群。

> 就音乐而言——我说的是对所有人都有益的、真正的音乐——阿卡迪亚人的音乐教育是强制性的。埃福罗斯曾经在一本书的前言中写道，音乐是用来骗人的。这

---

① 这表明对老师的教学可能有某些形式的监督，可能还包括考试。——原注

句话与他的身份完全不相符。克里特人和斯巴达人在战争中引入管乐,而不是喇叭,这一定是有原因的。阿卡迪亚人对音乐的重视也是有原因的。在阿卡迪亚,未满三十岁的男子都要学习音乐,也只有阿卡迪亚人用法律规定男孩自幼年起就要练习赞扬英雄和众神的赞美歌。接着,他们要学习费罗萨努斯①和提摩修斯②的气概,在酒神节上对着吹笛手进行狂热的舞蹈。在所有庆典和宴会中,他们不会邀请陌生人唱歌,而是轮流演唱。在阿卡迪亚,没有任何其他成就不是耻辱,但不能不知道如何歌唱,因为这是所有人都要学习的。年轻人还会伴着管乐练习军事步伐,并且以此创造出优美的舞蹈,每年在剧场中面向公民表演。

——波利比阿《通史》

●希腊-埃及混合文明的形成

一、一个拥有多个名字的家庭

该铭文来自托勒密三世统治下的克罗科第洛坡里。

希腊人德米特里娶了一个埃及女人黛西。他们的两个女儿既有希腊名字又有埃及名字。引文提到的托荷艾瑞斯是保护埃及孕

---

① 费罗萨努斯是酒神赞歌诗人,公元前380年去世。他既是一个音乐家又是一个诗人。——原注
② 提摩修斯是雅典学派的酒神赞歌诗人,与费罗萨努斯生活在同一时期。——原注

妇的女神。由此我们可以看出，除埃及妻子之外，埃及的宗教也进入了德米特里的生活。

尊敬的托勒密三世和伯利尼斯二世，德米特里和黛西的两个女儿——艾琳和迪奥克塞纳将这座神殿及其附属品献给托荷艾瑞斯女神。她们的埃及名字分别叫奈菲尔舒库斯和萨伊斯。

二、一封双语的信

这封信写于公元前3世纪，由托勒迈俄斯写给阿喀琉斯。

他们不是纯种的希腊人，就是希腊人与埃及人的混血儿。托勒迈俄斯做了一个梦，梦中有阿喀琉斯，一个叫泰恩奇丝的埃及女孩，以及一些埃及的神。托勒迈俄斯给阿喀琉斯的信是用希腊语写的，但关于梦的部分则是用埃及语写的。这封信只有三个片段被保留了下来。

片段一：

托勒迈俄斯向阿喀琉斯问好……

片段二：

我应该向你详细解释一下我的梦，这样你就知道神是如何关心你的了。我将用埃及语描述，这样你就能完全理解了。在我准备上床的时候，我写了两封信，一封是关于塞莫提斯的女儿泰恩奇丝，一封是关于陶伊斯的女儿提忒莫提斯……

片段三：

倒点酒喝，我度过了愉快的一天。再见。

三、一个希腊埃及混合家庭中父亲的遗嘱

此文献可以追溯到托勒密八世统治的第四十四年，即公元前126年。

德雷顿共立下三份遗嘱。引文是官方记录的最后一份遗嘱的副本。说它是副本是因为它没有官方证明——公证人的签名和盖章。公元前164年，立下下文提到的第一份遗嘱。第二份遗嘱已残缺不全，大约是公元前148年立下的。

德雷顿是庞非勒的儿子，克里特人，担任预备役部队骑兵指挥官一职。身体健康，头脑清晰。

只要我的身体还健康，所有财产都由我管控。但如果我死了，我要将我的房产、家具、家畜和其他拥有的东西进行如下分配。

我的战马和我所有武器给我和塞拉匹娅斯生的儿子伊森兰达斯，伊森兰达斯的女儿，塞翁的儿子……四个家奴中的两个也给伊森兰达斯，剩下的两个女奴给阿波罗尼亚和她的四个姐妹。位于帕特瑞斯的葡萄园、园中的水井和其他附属物品，以及马车、牛、两个鸽舍——其中一个尚未完成——和一个院子也给伊森兰达斯。西边的房子和房中的器皿，从伊森兰达斯的房门到有拱顶的房间之间的荒地给阿波罗尼亚、阿瑞斯托、阿弗洛迪丝娅、尼卡瑞恩和小阿波罗尼亚。至于我在迪

奥斯波利斯的其他房子和陶器店，一半给伊森兰达斯，一半给阿波罗尼亚和她的四个姐妹。我剩余的其他所有财产和物品，伊森兰达斯和五个女儿各得一半。由伊森兰达斯和五个女儿支付上述未完成的鸽舍的修建费用，直到鸽舍完全建好。

——伯纳德·P.格伦费尔
《亚历山大大帝的爱情文学片段及其他希腊莎草纸文献》

四、德雷顿的混血女儿的诉状

该诉状没有注明时间，但根据其他写有福墨提斯名字的文件我们可以推断出，该诉状应该写于公元前116年到公元前111年之间的某个时间。当时，德雷顿已经去世了，而他的女儿们则抱怨位于迪奥斯波利斯的财产被非法侵占了。

致福墨提斯将军：

居住在帕特瑞斯的阿波罗尼亚（又叫森莫提斯）与阿弗洛迪丝娅（又叫塔卡提丝）是德雷顿的两个女儿。我们和我们的姐妹阿瑞斯托（又叫森蒙提斯）、尼卡瑞恩（又叫塞莫提斯）及小阿波罗尼亚（又叫森皮莱丝）拥有父亲一半的遗产和家奴，其中包括一半的葡萄园、果园、水井、建筑物、荒地……尼罗河两岸交通停止后，生活在迪奥斯波利斯的阿森诺多图斯的儿子阿里斯顿强占了上述的葡萄园及其附属物，因为他知道我们是女人并且生活在别处,所以对他束手无策。因此,我们向您控诉,请对他进行调查,如果事情真如我们所说,请命令他将属于我们的土地和物品归还给我们,并且逮捕他以示惩罚。

——弗雷德里克·G.凯尼恩

《大英博物馆中的希腊莎草纸》

五、埃及家庭中的希腊老师

这是一封公元前2世纪,母亲写给儿子的信。信的开头和结尾已经遗失了,我们无法得知写信人和收信人的名字。信中使用的女性性质的分词让我们知道写信人是一位女性。显然,信中的这位埃及医生希望自己的孩子能受到希腊语的教育。这封信采用了十分讲究的希腊文风,可以断定作者是希腊人,不是埃及人。

得知你在学习埃及文字时,我既为你感到高兴,也为自己感到高兴。你马上将要前往埃及,在法卢医生的家中教导孩子,在未来几年你都能够养活自己了。

——弗雷德里克·G.凯尼恩

《大英博物馆中的希腊莎草纸》

六、托勒密宫廷的世界主义

单单听她——克里奥巴特拉——那甜美的声音,就心旷神怡了。她的口齿宛如最精巧的弦乐器,可以随时转换不同的语言。在接见来自各地的蛮族人士之际，她很少使用翻译，大都是用对方的语言直接交谈，无论对方是埃塞俄比亚人、特罗格洛狄特人、希伯来人、阿拉伯人、叙利亚人、米底人还是帕提亚人。除这些民族的语言之外，她还会讲许多其他语言。这种卓越的本领的确让人感到惊奇，因为她以前的几位国王连埃及语都不肯学习，其中有几位连自己的马其顿语都不够精通。

——普鲁塔克《安东尼传》

●托勒密王朝对油的垄断

各种各样的规定

托勒密王朝垄断了油的生产和销售。下文向我们揭示了这种垄断的重要性。国家规定了每个省设置的炼油厂的数量，并且控制着植物种子，将种子贩卖给耕种者。耕种者只能将产物卖给国家，价格也是由国家规定的。

> 承包商，即与国家签约收集炼油原材料的中间人，支付给耕种者每阿塔巴①芝麻八德拉克马，每阿塔巴巴豆四德拉克马，每阿塔巴苦西瓜四欧宝，每阿塔巴亚麻籽三欧宝。

---

① 古代埃及用来测量谷物的一种计量单位，1阿塔巴约等于38升。——译者注

国家不但会固定承包商购买的农产品的价格，还会向耕种者征收赋税。

根据法定的收税标准，芝麻的税为二德拉克马，巴豆的税为一德拉克马。耕种者不能将芝麻或巴豆卖给承包商之外的其他人。

只有国家才能够用原材料炼油，炼油厂被国家完全控制。

城市长官和主簿官指定炼油厂，并且在工厂中存入一定数量的芝麻、巴豆等原材料。每个省指定的工人不得交叉使用，如果有工人跑去另一个省工作将被逮捕。任何人不得使用来自其他省的工人。如果有人胆敢使用其他省的工人或不将其他省的工人遣回，则要处以每个工人三千德拉克马的罚款，工人也会遭到逮捕。

国家同样控制着油的销售，竞价最高者将获得油的独家售卖权。每年，国王会颁布法令规定油的零售价。因此，零售商的利润也受到法律的限制。通常，零售商会想办法提高售价来赚取更高的利润。

荷鲁斯向哈玛尼斯致敬。有一些从省里来的人告诉我现在的油价高于国王规定的价格，但从你那里我们没有获得任何相关信息。因此，请向我解释，在你那里油价究竟是怎样的，以便我向财政长官西奥格尼斯汇报。以后，如果有此类事情发生，一定要告知我们。祝健康。

——伯纳德·P.格伦费尔
《托勒密二世的税法》

第5章

社会状况
(公元前337年之后)

Social Conditions
(after 337 B.C.)

●亚历山大港的街道上

约公元前260年,托勒密二世和阿尔西诺厄结婚之后,忒奥克里托斯创作了《田园诗》。阿尔西诺厄二世正在举办阿多尼斯节,两个来自锡拉库萨的、当时生活在亚历山大港的中产阶级女子上街过节。其中一个女子戈尔戈先来到另一个女子普拉西诺的家中。在出发之前,两人进行了简短的交谈。和她们一同上街的还有她们的奴隶欧迪奇丝和尤诺娅。两人的闲聊,熙熙攘攘的街道,以及她们浏览的商品,都在诗中得到了有趣的呈现。这就是当时世界文明中心的迷人生活的景象。

  戈尔戈:普拉西诺在家吗?

  普拉西诺:在家!亲爱的戈尔戈,你可算是来了。

  尤诺娅,给她搬一把凳子,上面再铺个垫子。

  戈尔戈:多么漂亮的家啊!

普拉西诺：快坐下。

戈尔戈：哦，普拉西诺，我差点没法活着见到你了。大街上熙熙攘攘，车水马龙！到处是身着军装、脚穿军靴的人！这条路走起来简直没有尽头，你住得实在太远了！

普拉西诺：都怪我那个疯男人，他竟然跑到世界的尽头来安家①。我们不能成为邻居了。这个小人，我恨死他了。

戈尔戈：亲爱的，不要在儿子面前这么说你的丈夫，你瞧他正在盯着你看呢。乖孩子，不要紧，妈妈没有在说父亲。

普拉西诺：小孩才听不懂呢。

戈尔戈：好父亲！

普拉西诺：他的父亲有一天——有一天就是每一天——去商店买肥皂和染料，回家后给我的却是盐，简直是个猪脑袋！

戈尔戈：我家的那位也一样，简直是个败家子。昨天，他以为自己买了五块羊毛布，每块花了七德拉克马，结果仔细一看，竟然是狗皮和旧皮包的碎片，简直是一堆垃圾。不说了，快穿上大衣和披肩，往托勒密二世的宫殿走吧，我听说王后阿尔西诺厄准备了一些好东西。

普拉西诺：高贵的人做事情就是不一样。

---

① 从锡拉库萨来到亚历山大港。——原注

戈尔戈：以后肯定可以和没看见的人好好说道说道。时间差不多了，我们该走了。

普拉西诺：尤诺娅，你这个懒惰的家伙，快把水拿过来放到屋子的中间。快点，把水拿过来。瞧瞧你怎么拿的水，为什么洒出来这么多，你可真能浪费。蠢蛋，你把我的裙子弄湿了！衣柜的钥匙呢？快拿过来。

戈尔戈：普拉西诺，你穿这件衣服太好看了。这块布花了你多少钱？

普拉西诺：别提了，戈尔戈，花了我两个迈纳。还有手工活呢，简直快把我累死了。

戈尔戈：成品很成功啊。

普拉西诺：你真会说话！拿我的披肩来，给我戴上帽子，一定要时髦点。不，孩子，我没打算带你出门。外面的马可是会咬人的。尽情地哭吧，我可不会带你出去挨咬。咱们快走吧。弗里吉亚，你负责照看好孩子，把狗牵进来，关上外面的大门。

两人出门。

普拉西诺：天呐，怎么会有这么多人，就像多得数不清的蚂蚁！我们要如何穿过这么多的人。托勒密二世，看看你做的好事。亲爱的戈尔戈，我们该怎么办？看，国王的战马来了！天呐，不要踩我的脚。尤诺娅，你这个愚蠢的女子，能不能不要挡路？这马一定会踩死前面的人，还好我的孩子待在家里。

戈尔戈：放心吧，普拉西诺。我们在它们后面很安全。你看，它们要回到它们的位置去了。

普拉西诺：终于可以放轻松了。我从小到大最害怕的就是马和蛇了。快跟上，千万不要被人群湮没了。

戈尔戈：看，普拉西诺，门前有好多人啊。

普拉西诺：太可怕了，戈尔戈，快把你的手给我。尤诺娅，你也抓住欧迪奇丝的手，千万不要松开。让我们一起往前走，尤诺娅，抓紧我。唉，累死我了，面纱都被扯成两半了。先生，如果你不想惹事，请注意一下我的披肩。

陌生人：我也是被挤成这样的，不过我会尽量小心的。

普拉西诺：简直像一群猪一样挤来挤去。

陌生人：放心吧，女士，我们不会有事了。

普拉西诺：亲爱的先生，希望你今后也都不会有事。真是一个好人！尤诺娅被挤在里面了，臭家伙，快过来，往这边走。

戈尔戈：快过来，普拉西诺，快看看这些刺绣，多么精致可爱啊。简直是神的衣服。

普拉西诺：天呐，怎样的画家才能设计出这样的图案？怎样的女工才能完成这样的刺绣？它们如此自然生动，仿佛成了活物，而不是织在布上的图案。啊，还有阿多尼斯，躺在银色座椅上的他，多么俊美啊。

陌生人：令人厌烦的女人们，快停止你们的叽叽喳喳吧。

戈尔戈：你又是哪里来的？我们叽叽喳喳与你有什么关系？向你的女仆发号施令吧。你难道想命令来自锡拉库萨的女人吗？告诉你，我们可是科林斯人的后代[①]，和柏勒罗丰有着相同的血统，我们说的是伯罗奔尼撒语。嘘，嘘，普拉西诺，阿尔戈斯女人的女儿，那个伟大的歌手要开始唱歌了，她去年唱的挽歌可是获了奖的。我敢肯定她不会让我们失望的。

歌曲在此省略。

戈尔戈：普拉西诺，这个女人比我们想象的还要聪明！聪明的女人都很快乐，拥有如此甜美嗓音的女人就更加快乐了。我们该往回走了，丈夫还没有吃晚饭呢。在他等饭吃的时候千万不要招惹他。再见了，亲爱的阿多尼斯，希望下次还有机会来！

——忒奥克里托斯《田园诗》

●刮胡子的传统

对来自希腊的半身像及雕像感兴趣的人会发现，在亚历山大大帝即位之前，成年男性都是有胡子的。而在亚历山大大帝即位之后，除哲学家外，其他男性都会将胡子刮掉。从下文中我们可以了解到不同国家都出台了禁止刮胡子的法令，但这种法令通常会被人们无视。

---

① 科林斯人的后代认为自己比血统混杂的亚历山大人高出一等。——原注

下文中，阿忒纳乌斯引用了克利西波斯的作品——《美丽的和愉快的》。

正如克利西波斯在他的第四本书《美丽的和愉快的》中所说，刮胡子的传统源于亚历山大大帝统治时期。我十分喜爱克利西波斯这位作家，因为他品行优良，学识渊博。他曾经这样说过："刮胡子的习俗源于亚历山大大帝统治时期，而在此之前人们是不会刮胡子的。吹笛人提摩修斯曾经留着很长的胡子。在雅典，人们至今记得第一个刮胡子的人和当时刮胡子的场景。当第欧根尼·拉尔修看到一个面庞干净的男人时说道："我想你一定在抱怨上天让你当了男人而不是女人……在罗得岛，虽然有禁止刮胡子的法令，但没有人会起诉他人破坏了这项法令，因为所有男人都会刮胡子。在拜占庭，尽管任何有剃须刀的理发师都将被处以罚款，但每个人手中都有剃须刀。"

● 妓女的装扮

下文，阿忒纳乌斯引用了阿莱克西斯的代表作品《平衡》。

为了挣够一大笔钱并将住在周围的男人洗劫一空，他们会借助许多外部帮助。通过某些阴谋诡计挣得一些钱的时候，他们会招募一些从未做过妓女的女孩并培训她们。用不了多久,这些女孩的神态举止都会和从前大不一样。如果一个女孩长得太矮,他们会给她的鞋跟加上一块软木;如果长得太高,则会让她穿鞋底最薄的鞋并尽量缩短脖子。如果身材太瘦,则会给她箍上裙撑;如果肚子太大,则会给她装上假胸,就像喜剧演员的装扮。如果有人的眉毛是红色的,他们会用烟灰把它涂黑。如果脸色太暗,那就涂抹铅来修正;如果脸色太白,就给她涂上腮红。如果身材很好,那就脱光了展示给客人看。如果牙齿好看,就逼她大笑,让所有人都能看到她的嘴。如果不会笑,那就把她关起来,将棍子放在双唇中间练习,直到练出标准的笑容。他们就是这样做生意的。

●不受欢迎的妻子

阿莱克西斯来自图里,大约生活在公元前390年到公元前290年,是希腊文明中期喜剧[①]最著名的代表人之一。据说,他活了一百零六岁,创作的喜剧数不胜数。虽然我们不知道《占卜者》是何时写成的,但因为写作的口吻极其相似,所以下文将其与米南德同一主题的作品归到了一起。

下文中,阿忒纳乌斯引用了阿莱克西斯的《占卜者》。

---

① 中期喜剧是公元前4世纪的希腊喜剧,以描绘日常生活为主。——译者注

我们当丈夫的真是可怜，牺牲了人生的自由、享受，活得就像女人的奴隶。作为男人，虽然受到了伤害，却选择原谅。但女人在伤害我们之后还会斥责我们。她们统治着那些她们本不应该统治的人，忽视那些本应该统治的人。她们不用面对任何困难，也不患任何疾病，但整天没完没了地抱怨。

——阿忒纳乌斯

A：千万不要结婚，如果你还有一点理智。我自己就没结婚，我奉劝你也不要。

B：这件事已经定好了——木已成舟。

A：那么，我祝你一切顺利。但你即将面对的是数不尽的麻烦。在利比亚或爱琴海的汹涌波涛中，只有十分之一的船会沉没。但没有哪个丈夫能逃脱婚姻的巨浪。

——米南德《手拿雅典娜圣容器的女人》

●马罗尼亚的希巴尔琪娅：成为哲学家的女人

对第欧根尼·拉尔修，我们所知甚少，但可以肯定的是他生活的时间不早于公元3世纪。他喜欢展示自己的博学，但又缺乏批判能力。因此，我们可以将他同阿忒纳乌斯归为一类，阿忒纳乌斯很可能和他生活在同一时期。第欧根尼·拉尔修的作品中大量引用了许多早期著名作者，具有很高的价值。

马罗尼亚的希巴尔琪娅生于色雷斯的一个富裕家庭。她是犬儒学派哲学家梅错克的妹妹。她的丈夫是犬儒学派哲学家底比斯的克拉特斯。早期，希腊曾经诞生过许多充满智慧的女性，但公元前5世纪和公元前4世纪的大环境对女性并不友好。在希腊化时代，女性重新登上历史的舞台。下文便展现了这个阶层的一个女性。

马罗尼亚的希巴尔琪娅是梅错克的妹妹。她也陶醉在犬儒学派的教诲中。她和梅错克都出生于马罗尼亚。马罗尼亚的希巴尔琪娅爱上了底比斯的克拉特斯的学说和翩翩风度，任何追求者都无法让她回头，无论追求者有着怎样的家产、身世和容貌。对她而言，底比斯的克拉特斯就是一切。她甚至威胁父母，如果不将自己嫁给底比斯的克拉特斯，她就自杀。应她父母之请，底比斯的克拉特斯使出浑身解数劝说这个女孩，最终也未能将其说服。于是，底比斯的克拉特斯站了起来，在她面前脱掉衣服，说道："这就是新郎和他拥有的家产。你要考虑清楚，除非你接受他追求的一切，否则你无法成为他的伴侣。"

一次，马罗尼亚的希巴尔琪娅到利西马科斯家赴宴。在这里，她抨击了无神论者塞德洛斯。她给出了下面的诡辩："如果塞德洛斯做的事情不能被认为是错了，那马罗尼亚的希巴尔琪娅做同样的事情也不能被认为是做错了；塞德洛斯打他自己不算做错，那马罗尼亚的希巴尔琪娅打塞德洛斯也不算做错。"对马罗尼亚的希巴尔琪娅说的,塞德洛斯没有回应,而是扯掉了她的斗篷。但马罗尼亚的希巴尔琪娅并没有像其他女人那样表现出不安和惊恐。塞德洛斯对她说道:

"这就是那个将梭子扔在织机旁的女人吗?"

马罗尼亚的希巴尔琪娅回答道:"就是我,塞德洛斯。但我将原本花在织机上的时间用在教育上,难道在你看来我选择错了吗?"关于这位女哲学家还有许多其他故事。

——第欧根尼·拉尔修《哲学家合传》

● **被遗弃的孩子及他的物品**

在新喜剧中,遗弃孩子重新相认的场景十分普遍。下面这部剧中,奴隶达奥斯捡到一个孩子并将其交给另一个奴隶叙罗斯。听说孩子身上原本还带着某些小物件,叙罗斯找到达奥斯,要求达奥斯把东西还给自己,却遭到了达奥斯的拒绝。因此,两人请求斯米克里尼斯进行裁决。下文提到的孩子物品中的那枚戒指,可以确定孩子父母的身份。结果,斯米克里尼斯的女儿竟然是孩子的母亲。孩子的父亲是斯米克里尼斯的女儿的丈夫卡里修斯,是选文结尾处提到的奴隶奥涅西莫斯的主人。故事的复杂性在于孩子的父母在婚前就生下了这个孩子。好在这件事最后得到了妥善解决。故事中相关人物的个性是十分有趣的内容,米南德的戏剧基本反映了当时生活的真实情况。

叙罗斯：你休想逃脱正义的制裁。

达奥斯：混蛋，别想唬我。你无权得到不属于自己的东西。

叙罗斯：我们必须找个人来评评理。

达奥斯：完全同意。

叙罗斯：找谁呢？

达奥斯：找谁都可以。我真是倒霉，把一切都告诉了你。

一位老人，即斯米克里尼斯，走了过来。

叙罗斯：不如就找他当仲裁人吧。

达奥斯：祝你好运。

叙罗斯对斯米克里尼斯说：这位先生，我们可以占用您一点时间吗？

斯米克里尼斯：你们想干什么？

叙罗斯：我们正在为一件事争执。

斯米克里尼斯：这与我又有什么关系呢？

叙罗斯：我们想找一位公正的仲裁人来解决此事。如果您没有其他事，请帮我们决断。

斯米克里尼斯：胡搅蛮缠的家伙们，你们这样穿着羊皮①走来走去，就打算打官司？

叙罗斯：不过，我们的事情不需要长篇大论，很容易就能查明真相。请您帮帮我们吧，老人家，看在诸神

---

① 他们的衣着证明他们是奴隶，就算是自由人也是其中最贫贱的。——原注

的面子上,不要看不起我们。无论何时何地,正义都应该获胜,在场的人都应该确保如此,因为我们常常会碰到这样的事情。

达奥斯:我竟然和一个还算不错的演说家起了冲突。我当初为什么要把孩子给他呢?

斯米克里尼斯:那么请告诉我,你们是否会服从我的仲裁?

叙罗斯:当然会。

斯米克里尼斯:那么请告诉我,你们为什么要拦下我?你,一直不说话的那个人,你先说。

达奥斯:我会把事情的前因后果都告诉你,而不只是我和他之间的事情。尊敬的先生,大约在三十天前,我独自一人在一片荒地上放羊,突然发现了一个小孩子,孩子身上还有一些首饰①。

叙罗斯:重点就是这些首饰。

达奥斯:他不让我说完。

斯米克里尼斯:你再敢打断他说话,小心我拿手杖揍你。

达奥斯:他就是该揍。

斯米克里尼斯:你继续说。

达奥斯:然后我就把孩子抱回了家,我原本打算把

---

① 这些首饰中就有下文出现的孩子父亲的戒指。孩子的母亲将戒指放在孩子身上就是为了有一天能让孩子找到父亲。——原注

他抚养成人。到了晚上,我认真地考虑了一下这件事情,我为什么要把这个孩子抚养成人呢?我到哪里去挣那么多钱养活这个孩子呢?为什么要自讨苦吃呢?这就是我当时的想法。第二天,我依旧去放牧。这个烧炭工也出现了,正在伐木。我们是老相识了,于是便攀谈起来。他见我面露愁容,于是问我:"你为什么看起来如此忧郁?"我回答道:"我有一件心事放不下。"于是,我便将一切都告诉了他。还没等我说完,他就开始求我:"达奥斯,愿好运伴你一生,请你把孩子给我吧,这样你就自由了。我和妻子刚刚失去了我们的孩子。"那个抱着孩子的人就是他的妻子。

达奥斯指向一位抱着孩子的妇女。

斯米克里尼斯:你当时就是这么求他的吗?

叙罗斯:是的。

达奥斯:接下来的一整天他都这么缠着我,于是我便同意把孩子给他。他走的时候不停地说着祝福我的话,还亲了我的双手。

斯米克里尼斯:你的确这么做了吗?

叙罗斯:是的。

达奥斯:于是他和妻子离开了。然而,今天他突然找到我,和我要孩子身上的那些首饰。那都是一些不值一提的小物件。他声称自己受到了不公正的对待,因为我将那些东西据为己有。但我说他得到了渴求的孩子,他应该感谢我。就算我没有把所有东西都给他,他也不应来质问我。如果是我们两人走在一起时发现了一件东西，我们两人应各自拿走一半。而在你不在场的时候我发现的东西难道要全部归你吗？我自愿将属于我的一些东西给了你，如果你喜欢那就继续留着，如果你不喜欢不想要，那么就还给我。这样你既不会伤害他人，自己也不会吃亏。但如果你想通过请求加强迫的方法占有全部东西，这就是你的不对了。以上就是我想说的。

斯米克里尼斯：他说完了，你有想说的吗？

叙罗斯：很好，现在轮到我来回应了。正如他说的，他独自一人发现了孩子，没有问题。我恳求他把孩子给我，这也是事实，我没有什么好反驳的。他的牧羊人伙伴告诉我，在发现孩子的时候他还发现了其他东西。今天，孩子也在场，他想要回属于自己的东西。老婆，把孩子给我。

叙罗斯把孩子接过来递到达奥斯的面前。

叙罗斯：达奥斯，孩子要你把项链和其他东西还给他。这些东西属于他，不归你所有。你把孩子给了我，那我就是他的合法监护人，我要同他一起要回属于他的东西。尊敬的先生，我想你应该做出这样的决断：无论这些东西是不是金的，都应该为孩子妥善保管，直至他长大成人，毕竟这是他那不知名的母亲留给他的。难道仅仅因为这些东西是这个人发现的就要让他据为己有吗？你也许会说，我接受这个孩子的时候为什么不索要这些东西呢？因为当时我还没有能够代表孩子的权利。

即便是现在,我也不是为自己向你索要这些东西。你的行为是赤裸裸的抢劫。先生,请您想想,这个孩子可能比我们出身高贵,虽然在穷乡僻壤长大,但他可能拥有一个高雅的灵魂。有一天,他可能想要追随本性,做一个正常的自由人:打猎,练习使用武器,参加竞赛。我想,您一定看过悲剧吧,您一定很熟悉这种事情吧。一个老牧羊人,穿着和我相似的羊皮大褂,发现了涅琉斯和珀利阿斯[①]。老牧羊人发现这两个人比自己身份高贵,便告诉了他们自己是如何发现他们并把他们带回家的。除此之外,他还将装有他们身份证明的包裹还给了他们,他们从而知晓了自己的真实身份,两个曾经的牧羊人后来成了国王。达奥斯如果霸占了这些证明身份的东西并把它们卖给别人,也许能获得十二德拉克马的好处。但这具有高贵血统的灵魂将永远无法得知自己真实的身世。先生,这么做是不对的,孩子由我抚养长大,达奥斯却毁了他的未来。正是有了这些证物,才得以避免同自己的亲生姐妹结婚,才得以找到并救出自己的母亲,才得以解救自己的兄弟[②]。先生,人生变幻莫测,我们应该有先见之明,在我们的能力范围之内看得越远越好。达奥斯刚刚说如果不喜欢就把孩子还给他,以为这

---

① 涅琉斯和珀利阿斯是波塞冬的儿子,在婴儿时期被波塞冬放在船上漂走了。他们以下文说的方式被抚养长大。显然,叙罗斯十分相信遗传学说。——原注
② 这些都是喜剧中常见的情节。——原注

样自己就能站得住脚，其实这是不公平的。如果和你索要孩子的物品你就要要回孩子，即便现在你留下属于他的财产，那么将来，谁知道你会做出什么无赖之事？我说完了，请做出你认为公正的仲裁吧。

斯米克里尼斯：这不难，留给孩子的东西都应该归孩子所有。这就是我的裁决。

达奥斯：很好，那么孩子呢？

斯米克里尼斯：我不能把孩子判给你，因为你对他不公。孩子应该判给反对你伤害孩子的人。

叙罗斯：祝您一生幸福好运。

达奥斯：诸神啊，这真是荒谬的决断。明明是我发现了这一切，最后却什么都不属于我，而是被一个无关的人抢走了。我必须把东西交出来吗？

斯米克里尼斯：是的。

达奥斯：简直荒谬至极，今天太不走运了。

叙罗斯：快把东西给我。

达奥斯：上天啊，我真的太倒霉了。

叙罗斯：别磨磨蹭蹭的。

达奥斯：给你。

叙罗斯：给我们瞧瞧里面是什么。

斯米克里尼斯：这就是全部吗？

叙罗斯：应该是的，除非在我说话的时候他偷偷吞下了什么。

达奥斯：我连这样的想法都没有。

叙罗斯：尊敬的先生，祝您好运。

斯米克里尼斯离开了。

叙罗斯：实际上，所有的案子都应该找这样的人来仲裁。

达奥斯：多么不公平啊。他的裁决实在荒谬。

叙罗斯：你才是十足的流氓呢。

达奥斯：无赖，现在你好好替他保管东西吧，直到他长大。我会时时刻刻盯着你的，等着瞧吧。

叙罗斯：去死吧！老婆，带上这些东西去找我的主人。我要在这里等着凯瑞斯特拉托斯。我们还是先逐一清点一下这些物品吧，这些东西有地方放吗？不如放在你怀里吧。

卡里修斯的奴隶奥涅西莫斯入场。

奥涅西莫斯：没见过哪个厨师如此拖沓。昨天这个时候人们都开始喝酒了。

叙罗斯：这个看起来像一只公鸡，拿着。这个带有宝石的东西是什么？估计是把斧子。

奥涅西莫斯：这是什么？

叙罗斯：这是只镀金的戒指，里面应该是铁。上面刻着一只牛还是羊，我也看不清楚了。上面还刻着字，是一个叫卡里修斯的人制作的。

奥涅西莫斯：快给我看看。

叙罗斯：给你。但你又是谁呢？

奥涅西莫斯：这是……

叙罗斯：什么？

奥涅西莫斯：这个戒指……

叙罗斯：什么意思？我不明白。

奥涅西莫斯：这是我主人卡里修斯的戒指啊。

叙罗斯：你一定是疯了。

奥涅西莫斯：这就是被他弄丢的那个戒指。

叙罗斯：快把戒指放下。

奥涅西莫斯：明明是属于我们的东西。你又是在哪里得到它的？

叙罗斯：上天！请保佑我们！救救我们！这简直太不幸了，想要保全一个孤儿的物品为何如此艰难。不管是谁都想把它们抢走。我警告你，快把戒指放下。

——米南德《公断》

●自我吹嘘的人

下面这篇文章及后面的几篇向我们揭示了雅典人几种显著的性格特征。作者西奥夫拉斯图斯来自莱斯沃斯的艾雷色斯，是亚里士多德的学生中最优秀的。他与自己的老师亚里士多德一直保持着密切的合作。在老师亚里士多德去世后，西奥夫拉斯图斯将余生精力都用来领导逍遥学派。西奥夫拉斯图斯一直紧随亚里士多德的脚步，并且将自己的知识拓展到多个方向。《人物素描》并不是他最出色的作品，但引起了我们极大的兴趣。文章的笔法新颖、幽默，内容略显肤浅，有点喜剧的风格。

自我吹嘘实际上是炫耀自己并不拥有的优点。

自我吹嘘的人站在大桥上对外国人说，他投了很大一笔钱在海上经商，又说放高利贷倒是大生意。不过他赚得多，赔得也多。他一边吹嘘，一边叫他的仆人快到钱庄去。其实，他的存款只有一德拉克马。他也喜欢向旅伴胡吹，说他和亚历山大大帝一起带过兵，很受器重，并且带回来一些玉杯，看来亚细亚匠人的手艺比欧罗巴匠人的手艺精巧得多。他说得煞有介事。其实，他没出过国。他还说他刚收到安提帕特①的一封信——"这已经是第三封了"——邀请他去马其顿。他还得到了出口木材的特许②，不过他没去，他怕被人告发。这难处马其顿人应该是了解的。他甚至吹嘘在闹饥荒的时候，他拿出五塔兰特，救济困难的同胞，他说这是他的责任。许多外国人坐在他旁边的时候，他请其中一人替他算一笔账，一次是六百，一次是三百，一次是一百，每一笔钱他都安上个有名有姓的人，最后加在一起总数是十塔兰特。他说这是他向贫困户的捐款，他为城邦装备战船和捐助其他社会义务的款项还不算在内。他到骡马市，向

---

① 亚历山大大帝远征亚细亚的时候，命令安提帕特留下管理马其顿。公元前323年，马其顿国王亚历山大大帝去世之后，安提帕特成为马其顿绝对的统治者，直到公元前319年安提帕特去世。——原注
② 雅典使用的造船木材大多来自卡尔西迪斯。当时，卡尔西迪斯还是马其顿的一部分。——原注

马贩子说,他希望买到最好的马;到服装店,说他要买两塔兰特一套的布料,然后又故意责怪跟来的仆人出门不带钱。他住的房子是租来的,但他向不明真相的人说,这是他祖上的财产,现在看来太小了,招待客人不方便,他正打算出售。

——西奥夫拉斯图斯《人物素描》

●爱慕虚荣的人

爱慕虚荣看起来就是死爱面子。

爱慕虚荣的人应邀赴宴总争取坐在主人旁的首席。儿子成年剃发,他会把他带去德尔斐。[①]他的侍从一定要是埃塞俄比亚人[②]。当他支付一迈纳的时候,也一定要让奴隶使用崭新的银币支付。他理发理得很勤,牙齿永远保持洁白,衣服经常更新。他擦油都用香脂。在市场上,他常常进出钱庄。他锻炼身体总是去年轻人锻炼的竞技场。他去剧场看戏,总设法坐在将军们的席位旁边。[③]他自己不买货物,而是帮外国人办出口,把腌橄榄运到拜

---

① 男子十八岁成年之前一直留着头发,年满十八岁后,他的头发会被剪下,并且将一缕头发献给神。路途不长的人会前往德尔斐将头发献给阿波罗。——原注
② 亚历山大大帝的东征给雅典人带来了购买黑人奴隶的机会。通常情况下,富有的家庭会出于好奇购买黑人奴隶。——原注
③ 在剧场中,官员们有特殊的座位。我们从本文或其他地方也可以了解到,平民不一定与官员分开坐。——原注

占庭,把拉科尼亚猎犬运到库齐库斯,把伊米托斯蜂蜜运到罗得岛。他办这些事,会让全城的人都知道。当然,他还得养一只猴子,那是一只萨提耳猴。他的鸽子是西西里的品种。他玩的羊骨骰子是羚羊骨。他用的油壶是图里出产的圆形油壶。他的手杖是斯巴达出产的曲杖。他的挂毯织有波斯人的形象。他家有个铺了沙土的摔跤场地,还有一个球场。这场地他借给哲学家、演说家、教头、音乐教师等人显身手,他们表演时他也会到场,不过总是姗姗来迟,好叫观众交头接耳地说:"这个场地是他的。"他杀牛祭神,一定给牛骷髅戴上大花圈,挂在大门口,以便来客看出他献的是牛。他参加骑士游行之后,吩咐仆人把服装送回家,他换了便服,但脚上仍戴着那副马刺,在市场上走来走去。他养的那头米利都种狗死后,他修墓立碑,上面写着"米利都犬之墓"。他向医药神殿献一个铜手指,每日去擦,挂花环,涂油。祭司需要一位执事主持。他极力争取,穿上白袍,戴上花环,站起来向人们宣布:"雅典人,议事会执事已经向众神之母敬献祭品。你们会收到众神之母的祝福。"祭司仪式结束后,他一回到家,便向夫人讲述自己如何成功。

——西奥夫拉斯图斯《人物素描》

●愚蠢的人

愚蠢可以定义为说话做事都呆头呆脑。

愚蠢的人算完账总会问旁边人，总数该是多少？他被人控告，应该出庭，当天却忘记了这回事，到乡下去了。他看戏，昏昏睡去，最后剧场只剩下他一个人。他收到一件礼物，明明是自己收起来的，要找的时候却找不到。人家通知他有个朋友去世，他去吊唁，面带愁容，眼中挂泪，嘴里却说："你的运气真好！"他收债的时候，常带个证人。隆冬时节，因为仆人没买黄瓜，他便大吵大闹。他让儿子练习摔跤和赛跑，把儿子累得半死。他为他庄子上的雇工煮豆粥，已经放过一次盐又放一次，结果咸得不能吃。天下雨，人家都说："地上的气味真好闻！"他却说："天上的气味真好闻！"有人问他："你看从这圣门送出的死人有多少？"他却回答说："我希望你和我有那么多。"

——西奥夫拉斯图斯《人物素描》

●说废话的人

说废话就是说起话来不分场合，不假思索，没完没了。

说废话的人走到陌生人身边坐下来，开始大谈自己妻子的贤惠，讲他昨夜做过的梦，讲他晚餐吃的每道菜。

谈到时事，他大讲今人远比古人卑劣，讲市场上麦子跌价，讲现在外国人太多，讲酒神节之后船才出海。又说据他推测，宙斯如果再降几场雨，庄稼长势会更好。又说现在生活很困难，他明年要去种地。又说秘仪节那天达米波斯奉献了十分大的火炬。又说:"也不知音乐厅的柱子到底有多少根。"又说:"昨天我身体不舒服。"又说:"今天是什么日子?"又说:"秘仪节在波德罗米昂月,阿帕图利亚节在皮诺西翁月,乡村酒神节在波西得翁月。"①你不打断他,他的话不会停。

——西奥夫拉斯图斯《人物素描》

●小气的人

小气就是十分计较得失。

小气的人常常不等到月底就到人家家里催讨半个欧宝。②大家聚餐时,他计算着谁到底喝了多少饮料,献给阿耳忒弥斯的酒也会比别人要少。谁替他买回来便宜东西,算账时他会嫌价格太高了。用了一年的碗碟被仆人打坏了,他要扣仆人伙食钱。他老婆掉落一个铜板,他要搬动坛子、锅子、碗柜、床铺乃至地板,到处寻找。他卖东西,要价极高,谁买走都占不到任何便宜。你在他的院子里休想摘一个无花果。你从他的田地经过,决不许拾捡吹落的橄榄核枣子。一年之中,每一天他都

---

① 波德罗米昂月约是九月,皮诺西翁月约是十月,波西得翁月是十二月。秘仪节每年在厄琉西斯举行,阿帕图利亚节是氏族最重要的节日,乡村酒神节是戏剧节。——原注

② 在雅典,通常在每月最后一天收利息或付利息,而小气的人常常等不到那一天,就为了占点小便宜。——原注

要检查界石，看有没有被移动过。他扣住借债人的抵押品，利上加利。他请同乡吃饭，端上来的肉片极薄。他去市场永远是空手而归。他从不允许老婆借盐、灯捻、茴香、野菜、面粉、花串或线香给邻居，在他看来，这些东西虽小，一年积攒下来也是一笔可观的数目。总之，这种人的钱箱盖满灰尘，铁锁早已生锈。他们的长衫短到大腿。①他们抹油用小油灯。他们头发剃光。他们在中午就脱鞋。他们会叮嘱染坊给袍子多加染泥，免得脏得快。

——西奥夫拉斯图斯《人物素描》

●怯懦的人

怯懦就是心灵屈服于恐惧。怯懦的人坐在船上看见礁山，以为是海盗船。起了风浪，他连忙问乘客中有没有入了秘教②的。舵手仰头观察，看船是否正在居中航线，他又忙问舵手天气如何。他对旁边的乘客说，他做了一个梦，使他不安。他脱下大衣交给仆人。他甚至要求送他上岸。在陆地上，他带兵去攻打敌人，却借口看不清敌人的方位，需仔细观察，命令全部人马停止前进。待听见喊杀声，看见有人倒地，他便向身边的将军

---

① 这种短的长衫是斯巴达风格的。而长至脚踝的长衫则是奢华的体现。在雅典，正常的长度略短于长至脚踝的长衫。——原注
② 加入秘教的人通常被认为可以通过祷告来平息风暴。——原注

说自己在匆忙中忘记带剑，说着便跑回营帐，把仆人支出去查看敌情。自己则把剑藏在枕头底下，做出寻找的样子，尽量拖延时间。后来，从帐中向外一看，看见抬来一个受伤的士兵，他便跑出去说些鼓励安慰的话。然后把那个士兵背回营帐，照料他，为他擦洗，坐在他旁边为他驱赶苍蝇。总之，怯懦的人什么都肯干，就是不肯出去作战。直到进攻号吹响了，他仍在营帐中坐着，并且说："到乌鸦那儿去吧，吹吹吹，吹得人没法睡觉。"最后，他把别人的血抹在自己身上，出去迎接归来的士兵。他说自己冒着生命危险救回了一个士兵。他把和他同部族、同乡的士兵一个个叫进营帐，告诉他们，这就是他亲自背回来的那个士兵。

——西奥夫拉斯图斯《人物素描》

●寡头派作风的人

寡头派作风就是争权夺利，迷恋权力。

在公民大会上，寡头派作风的人考虑推选一些人协助执政官组织游行时，会站起来说，选出的人一定要有实权。如果有人建议选十个人，他会说："选一个人足够。"他还会补充道："这个人当然要很能干。"

他只掌握了荷马史诗中的一句：许多人掌权不好，应该由一人领导。诗中的其他内容他都不记得。不用说，他嘴边的话总是："这事我们开会商量就行了。""不用民众参与。""我们不参与公共事务,临了还得受他们褒贬。""这城邦不是我们统治,就是他们统治。"

直到中午,他才披上漂亮的袍子,修齐指甲,走出家门,趾高气扬地走过奥登街。

他说:"我们城邦没有告密者的立足地。""陪审员是法院的灾难。""有些人偏喜欢管公共事务,简直不可思议。""出了钱,捐了款还没人领情!""在公民大会上竟然有枯瘦寒碜的人坐在我身旁,简直是奇耻大辱。"他会问:"我们什么时候才能废除公务摊派和装备战船的弊政?那些公民领袖太可恶了!"他又说:"城邦的这些弊端都是忒修斯提出来的①,他是第一个受害者,这是他自作自受。"

他无论是对同观点、同派别的外国人,还是对自己的同胞,都讲尽了诸如此类的话。

——西奥夫拉斯图斯《人物素描》

●法莱卢的德米特里挥霍无度

法莱卢的德米特里是逍遥学派哲学家及政治家,生于公元前344年。公元前318年,他成为马其顿人领导下的雅典的最高长

---

① 亚里士多德认为,忒修斯是雅典立宪政体的创始人,立宪政体是君主政体略微的变型。在这一理论下,寡头政治者应对忒修斯持友好态度。但还有人认为忒修斯是民主政体的创始人,所以成了寡头政治者仇恨的目标。——原注

官,但在公元前307年被推翻。他曾经立法禁止奢侈,但自己却过着挥霍无度的生活。

下文,阿忒纳乌斯引用了萨摩斯的迪里斯的作品《历史》。

> 萨摩斯的迪里斯在《历史》的第十六卷中曾经说过,法莱卢的德米特里一年有一千两百塔兰特的财政收入,却只将其中极小的一部分花在了军事和政治事务上,其余的钱都用来满足自己放荡的生活。他每天都会举办奢华的宴会,并且邀请众多宾客同他一起进餐。他花钱大手大脚的程度甚至超过了马其顿人,晚宴的高雅程度也超过了库普里亚人和腓尼基人。他要求在路面上洒上香水,房屋的地板上要嵌入花朵并刻上图案。除此之外,他还会偷偷私会女人和少年。法莱卢的德米特里下令管控他人的生活,自己的生活方式却是最无法无天的。他还十分注重自己的外貌,将自己的头发染成黄色,将自己的脸涂成红色,并且全身上下洒满香水,因为他想要在他人眼中看起来优美又和蔼。

●酒徒亚历山大

在下文中,阿忒纳乌斯引用了多个作者的作品。

> 伊菲普斯在其著作《亚历山大大帝和赫费斯提翁的葬礼》中告诉我们,马其顿人普罗蒂斯也是一个很厉害

的酒徒。他有着令人羡慕的体格,并且把饮酒发挥到了极致。有一次,亚历山大大帝要了一杯酒,自己喝完之后又敬普罗蒂斯。普罗蒂斯接过酒,对亚历山大大帝唱了一首赞歌,然后一口喝下,获得了在场人的欢呼。然后,普罗蒂斯又要了一杯酒,他喝完之后又回敬亚历山大大帝。亚历山大大帝接过之后也一口喝下,但他的身体难以承受,倒在了靠枕上,酒杯掉在了地上。后来,亚历山大大帝便一病不起,直到死去。有一次,亚历山大大帝喝得太多了,导致连续睡了两天两夜。米南德在《奉承者》中这样写道:

A:我的朋友,我在卡帕多西亚的时候,三次喝下整整一杯酒。

B:你竟然喝得比亚历山大大帝都多。

A:我向帕拉斯发誓,只多不少。

B:多么奇妙的一次宴会啊。

尼科布尔在自己的书中写道,有一次,亚历山大大帝同塞萨利人墨多斯和其他二十个人一起共进晚宴。亚历山大大帝向每位客人都敬了酒,然后又被每个人回敬。最后,亚历山大大帝起身离开宴会,不一会儿便睡着了。

●亚历山大大帝的奢华生活及其辉煌壮丽的宫殿

在下文中,阿忒纳乌斯引用了多个作者的作品。

奥林索斯的伊菲普斯跟随亚历山大大帝一直行进到了埃及，后来由于公务没有继续陪伴亚历山大大帝。关于他的著作《亚历山大大帝和赫费斯提翁的葬礼》人们所知甚少。他的作品大量描绘了宫廷生活，并且似乎对亚历山大大帝抱有不满。关于尼科布尔的资料就更少了。米蒂利尼的卡瑞斯也曾经伴随亚历山大大帝出征，后来成为介绍波斯宫廷习俗的礼仪官员。波利克里托斯应该是亚历山大大帝的同时代人。来自雅典的菲拉尔克斯是斯巴达国王克莱奥梅尼三世的拥护者，他的《历史》共包含二十八册书，讲述了公元前272年到公元前220年，从皮洛士到克莱奥梅尼三世期间的历史。

希腊化时代的一个显著特征就是国王、官员和富人引人注目的奢侈生活，整个国家的财富基本都集中在这些人的手上，而奢侈生活是通过剥削人民实现的。

关于亚历山大大帝的奢侈生活，伊菲普斯在《亚历山大大帝和赫费斯提翁的葬礼》中写道：亚历山大大帝在花园中制造了一个金色的王座和四角都是银质的躺椅。亚历山大大帝坐在花园里与官员们商谈政事。尼科布尔曾经记载道：亚历山大大帝在吃晚饭的时候，所有的舞者和运动员都要为他助兴。在他参加的最后一场宴会上，亚历山大大帝突然想起欧里庇得斯《安德洛墨达》的一个片段，于是便慷慨激昂地朗诵起来，然后一口喝下了一杯未掺水的红酒，并且命令其他人也要效仿他喝下一杯酒。伊菲普斯还告诉我们，亚历山大大帝甚至会在玩乐的时候身穿神圣的祭拜服。他有时会穿紫色的长袍,把自己打扮成一个神;有时会模仿阿耳忒弥斯;有时则会模仿赫尔墨斯。他几乎每一天都要身披一个紫色的斗篷,内穿白色的宽大长袍。当他私下与朋友在一起时,他会穿赫尔墨斯的鞋,头戴宽边帽,手拿权杖。

米蒂利尼的卡瑞斯在《亚历山大大帝时代》中写道:"亚历山大大帝俘虏大流士三世后,为自己和朋友举办了一场婚礼庆典,为此共准备了九十二个房间。他建造了一个能容纳一百张床的房子,每张床都装饰着价值二十迈纳的婚礼饰品。亚历山大大帝的床的四角是金质的,其他人的床是银质的。亚历山大大帝邀请了所有朋友、陆军和海军将军,其他国家的大使,以及他宫廷中的其他大臣。接待室的装饰也十分奢华,墙上挂有昂贵的画毯,地上铺着紫色、金色和红色的地毯。屋中的圆柱高二十腕尺,由珍贵的石材制成,外面镀着金银。号角声昭示着婚礼庆典的开始。此后,国王祭祀的时候也会响起号角,这样整支军队都能听见。

婚礼庆典持续了五天,大量外国人和希腊人都前来进贡,其中包括一些印度部落。现场还有一些著名的魔术师:他林敦的西姆努斯、锡拉库萨的菲利斯提德、米蒂利尼的赫拉克利特。在他们之后,诗朗诵者——来自他林敦的阿莱克西斯也展现了自己的技艺。然后,上场的是竖琴表演者——美图姆那人克拉提诺斯、雅典人阿利司托尼莫斯、提奥斯人阿森诺多图斯。还有悲剧演员塞萨鲁斯、阿森诺多图斯和亚利斯托瑞都斯及喜剧演员莱孔、福尔米翁和阿里斯顿。使者和其他人送来的皇冠价值高达一万五千塔兰特。

来自拉里萨的波利克里托斯在《历史》中写道，亚历山大大帝曾睡在一张金床上，他去军营时会有男风笛手和女风笛手跟在身后，他常常喝酒到天亮。克利尔库斯在谈到被亚历山大大帝俘虏的大流士三世时这样写道："波斯国王会奖赏那些能给他创造欢乐的人。最后他的整个帝国和王权都葬送在了享乐之下。直到别人从他手中夺走了权杖他才知道是他毁掉了自己。"菲拉尔克斯和尼多斯的阿伽撒尔基德斯都曾经说，亚历山大大帝的朋友也都沉浸在奢华中无法自拔。其中一人叫阿格农，他的鞋钉都是金质的。另一个人叫克雷塔斯，每次处理工作时都要走在紫色地毯上与他人交流。喜欢锻炼的帕迪卡斯和克拉特罗斯命令随从拿着一些兽皮，去铺满与竞技场一样大的场地。他们会在营地中选出一块地方，然后把兽皮作为遮阳蓬。他们便在兽皮下锻炼。他们每次出行还会带上若干驮兽，用来运输竞技场的沙子。

喜欢打猎的列昂纳托和墨涅拉奥斯会带上长约一百斯塔德的围布，然后围起一块区域，在里面打猎。波斯国王每天会坐在挂有红宝石、翡翠等名贵宝石的梧桐树下处理事务。根据菲拉尔克斯的记载，这些花费远比不上亚历山大大帝每天挥霍的钱。亚历山大大帝的一个帐蓬由五十个黄金柱子支撑，其中可以放下一百张躺椅。帐篷上方铺了一层绣有华丽刺绣的金色遮阳蓬，用来遮阴。帐篷前有五百名马其顿银盾兵。帐篷中央是一个黄金宝座，亚历山大大帝坐在上面处理事务，四周都是他的护卫。帐篷外有一个装备齐全的象群及一千名身穿本地服饰的马其顿人。

●罗得岛政府对穷人的资助

根据斯特拉波的记载，在希腊化时代，资助穷人的传统就已经出现了，并且从那时一直延续到斯特拉波生活的年代。有趣的是，在希腊城邦中，盖尤斯·格拉古在罗马首先推行的国家购买粮食分给公民的举措十分流行。这一习俗不能被随意定义为社会主义或者煽动家的一种邪恶手段。如果想要人们不饿肚子，就必须救济他们。过去的智者能想到的最好方法就是给他们提供便宜或免费的粮食。的确，这会滋生人的懒惰，但无论是现代还是古代，这是所有慈善事业无法避免的。

> 虽然罗得岛实行的不是民主政体，但罗得岛人十分注重人们的福利，他们会竭尽自己的所能帮助穷人。穷人会获得粮食补贴，富人则会根据古代传统帮助穷人。政府还专门设立了负责采购和分发粮食补贴的部门。因此，政府总是能够获得人们的支持，尤其是在给军舰配备人员的时候。
>
> ——斯特拉波《地理学》

●彼奥提亚政府对穷人的资助及诉讼的暂缓

以下描述的情景发生在公元前3世纪下半叶。

在近二十五年的时间里,彼奥提亚的司法行政活动都暂缓了。地方法官们都忙于派遣人们前往不同地方保卫国家,法庭上的诉讼被不断推迟。一些将军会从国库中拿出一部分物资发放给需要的人。没有哪个人对彼奥提亚的贡献能超过欧菲塔斯。欧菲塔斯总是会根据当时的情况设计出有利于大众的方案,而这些方案在未来又毁掉大众。

——波利比阿《通史》

●埃托利亚人负债累累及消除债务的失败尝试

以下描述的情景发生在公元前3世纪末。

长期的战乱和奢华的生活使埃托利亚人背负巨债。这一点甚至连他们自己都没有察觉到。后来,他们认为有必要修改法律制度。因此,他们选举多里马库斯和斯珂帕斯重新起草法典。之所以选择他们,不仅因为他们是优秀的创新者,还因为他们都背负巨债……

他们汇报法典内容时遭到了埃托利亚人亚历山大的反对,后者引用了多个例子试图证明创新的危害性,推行创新之人终将遭受灾难。他呼吁人们不要只关注眼前的债务危机，而要目光长远。人们一边在战场上丢掉性命，为子孙保卫家园，一边又做出如此无视将来的决定，这是十分矛盾的。

——波利比阿《通史》

●亚该亚同盟暂停收取债务

公元前147年冬，亚该亚同盟的将军克瑞托劳斯决定与罗马开战。选文中提到的行政长官来自同盟的各个城邦。显然，受到暂停收债影响的人不是无产者，而是财产或农场的所有者。选文向我们表明，当时在伯罗奔尼撒普遍存在抵押农场的现象。这一现象的部分的原因是人们过于放纵的生活习惯。

克瑞托劳斯……命令各行政长官，不要向债务人收钱，也不要逮捕欠债之人，而是将这些债务延期，直到战争结束。这种符合人们利益的命令获得了欢迎。大家愿意遵守他下达的任何命令，他们陷入了暂时的放纵和解脱的诱惑，不为未来考虑。

——波利比阿《通史》

●拉栖第梦人的放纵生活

在下文中，阿忒纳乌斯引用了菲拉尔克斯的《历史》。

后来，拉栖第梦人艰苦的生活逐渐变得轻松起来。菲拉尔克斯在《历史》第十五册和第二十册中描写了他们："拉栖第梦人取消了公餐集会。他们聚在一起，在他们从事了几件看似遵守法律的事情之后，还会有其他准备：装饰各异的、奢华的超大躺椅。那些曾经受邀却不敢将胳膊放在靠枕上的人，以及曾经只能在长凳上休息的人，现在享受到了如此好的待遇，还能喝上几杯红酒，品尝来自世界各地种类繁多的食物，并且身着极尽奢华的服饰。此外，他们还开始尝试国外的香水、红酒及糖果。阿瑞乌斯一世[①]和阿克罗塔图斯开始习惯这种生活，并试图超过波斯宫廷的放纵生活。但斯巴达某些人的奢侈生活远远超过他们，所以人们认为阿瑞乌斯一世和阿克罗塔图斯十分节俭，同时节俭程度甚至超过了他们的祖先。"

●斯巴达国王阿基斯四世不成功的社会改革

公元前245年，阿基斯四世即位。公元前241年，阿基斯四世被处决。在下文中，普鲁塔克详尽描写了阿基斯四世想要实行的改革。当时，斯巴达人的数量已经减少到七百人，其中只有一百人有足够的收入参加公共事务和政治。在这拥有土地的一百人中，有一些是严重负债的。他们的主要代表是阿格西劳斯。阿格

[①] 拉栖第梦人的国王，死于公元前265年。——原注

西劳斯是王室的一员,是阿基斯四世的舅舅。根据普鲁塔克记载,进行社会政治彻底改革的想法来自当时还不满二十岁的阿基斯四世。阿格西劳斯支持这一做法是为了消除自己庞大的债务。在这一目的达成之后,阿格西劳斯和其他负债人有足够的理由希望终止改革。阿基斯四世带兵出征以后,下层阶级再无法从改革中获益。因此,当阿基斯四世出征归来的时候,他已经没有支持者了。毫无疑问,阿基斯四世的道德目标是很高的。他也有充足的热情,但他缺乏经验和政治智慧来克服阻碍。而斯巴达后来的国王克莱奥梅尼三世在这些方面则十分出色。

普鲁塔克很自然对比了阿基斯四世和克莱奥梅尼三世的生平同格拉古兄弟的生平,一些当代学者也认为格拉古兄弟的观念和灵感源于比他们早一个世纪的这两位斯巴达改革家。斯巴达国王想要分配的财产是私有的,而格拉古兄弟分配的土地则是公有的。

等到斯巴达再度将金银当成货币,允许金银在斯巴达流通,大家为了获得财富,就会产生贪婪和卑鄙的动机,使用金银难免出现奢侈和挥霍的恶习。这种状况一直延续到阿基斯四世和莱昂尼达斯二世的时代。阿基斯四世出身于欧里庞提德世系,是攸达米达斯二世之子,是从阿格西劳斯二世开始的第六代后裔。阿格西劳斯二世曾发起远征,进入亚细亚,是那个时代希腊最伟大的人物……

莱昂尼达斯二世是阿瑞乌斯二世的儿子。他出身于阿基斯世系,是斯巴达国王帕萨尼亚斯的第八代后裔。

在普拉蒂亚战役的时候，帕萨尼亚斯击败了马多尼乌斯……莱昂尼达斯二世长期生活在亚细亚君主的宫殿中，特别喜欢塞琉古王朝的宫殿。他一厢情愿地想要将东方宫廷的高傲带入斯巴达宫廷之中。

阿基斯四世有着优异的禀赋和高尚的心灵，不仅莱昂尼达斯二世望尘莫及，而且阿格西劳斯二世之后的国王都甘拜下风。虽然他在母亲亚杰西斯特拉塔和祖母阿契达美娅——斯巴达最富有的两个女人的百般宠爱下长大，却抛弃了所有带来欢乐的嗜好，尽可能不着任何华丽的衣服和贵重的饰品，避免任何方面的浪费。只有穿着斯巴达的粗布衣服出现在众人面前，他才感到骄傲。他的饮食、沐浴和各种体能训练，完全根据古老的拉科尼亚的传统。他经常说，如果不能利用权势恢复古代的法令和纪律，那么他毫无意愿成为一个国王。

拉栖第梦人的堕落和腐化始于他们占领雅典，获得的金银开始流入国内。尽管如此，吕库古规定的户口数目仍旧继续维持，每个人抽签分得的土地依据法律要全部留给自己的儿子，继承的顺位和平等的权利还是保持不变，防止城邦在任何方面出现差错。伊庇塔狄斯是一个影响力很大的人，刚愎自用，脾气暴躁，担任监察官一职。一次，他与儿子发生口角，愤而提出一条新的法令，即所有公民都可自由处置自己的土地，无论是在生前当作礼物送人，还是根据最后的意愿或遗嘱分配。伊庇塔狄斯这么做是为了获得报复的快感，而其他斯巴达人出于贪婪的心理也同意了。吕库古如此值得赞扬的制度就这么被毁了。富有的人开始毫无顾忌地霸占土地,包括那些合法继承人应该获得的遗产。所有财富集中在少数人手里,大多数公民陷入了贫穷、悲惨的境地。当时,斯巴达公民总数不超过七百人,仅有一百人拥有土地,其他六百人丧失了财富和公民的所有特权。每当要保卫国家抵抗外敌时,丧失财富和地位的人不仅行动缓慢,而且毫无意愿。他们始终在旁窥伺,试图寻找最适当的时机变革国内事务。

阿基斯四世的主张是城邦应该实现人人平等,重新恢复公民的数量。他认为这是一件光荣的工作,便开始试探公民的反应和倾向。他发现年轻人的表现超出他的想象,年轻人满怀信心加入他的阵营,准备为国家的自由而奋斗。老年人则沉溺于恶习难以自拔,大部分人对吕库古的名字都怀有警惕之心,就像一位逃亡的奴隶被带回了主人面前。阿基斯四世不断叹息斯巴达目前的境况,希望城邦能恢复往日的光荣,老年人则嗤之以鼻。另外,利比斯之子吕山德、伊克法尼斯之子曼德罗可莱达斯及阿格西劳斯,与阿基斯四世有着相同的立场。吕山德是斯巴达最具影响力的人,曼德罗可莱达斯是公认的最有能力的政治家。他的手段高明,作风大胆。阿格西劳斯是阿基斯四世的舅舅,口才极佳,但贪财好色。他对自己的儿子希波墨冬言听计从。希波墨冬由于在战争中英勇的行为和卓越的表现,在斯巴达年轻人中拥有很高的知名度和极大的影响力。但阿格西劳斯最终决定参与改革的原因是他债台高筑，希望借着这个机会从中脱身。阿基斯四世获得舅舅阿格西劳斯的支持后，就开始争取拉拢母亲亚杰西斯特拉塔。他的母亲亚杰西斯特拉塔有很多朋友和门客，城邦里有大批向她借钱的人。同时，她拿出一定数目的家财用于管理公共事务。

亚杰西斯特拉塔最初听到儿子阿基斯四世的计划时十分反对。她用严厉的口气规劝儿子不要从事如此艰难却无益的工作。阿格西劳斯尽力在一旁怂恿，说事情并不像她想象的那样困难。总之，一定会给她的家族带来很大的利益。同时，阿基斯四世向她恳求，请她不要因金钱而拒绝向他伸出援手。阿基斯四世告诉她说不想与其他国王比谁最富有，就拿托勒密王朝的君主和塞琉古王朝的君主来说，这些人的跟班和贱仆的钱财也比所有斯巴达国王加起来要多。只要抱着视金钱如粪土的态度，就能凭着节制和简朴胜过他们的奢华和挥霍。如果他能使拉栖第梦人恢复过去的平等状态，那么他就是一位伟大的国王。这番话改变了亚杰西斯特拉塔的想法，使她极其感动。她不仅同意给予帮助，而且激励阿基斯四世要奋斗到底。她派人将儿子阿基斯四世的行动告诉那些与她有利害关系的人。同时，她知道拉栖第梦人重视女权，女性的权力比男性大得多，所以也将计划告知了其他女性。当时，斯巴达的财富大多数掌握在妇女手中，这一事实也成了阿基斯四世完成改革计划的一大阻碍。妇女们强烈反对阿基斯四世，不但因为她们喜爱奢华的生活，还因为她们担心失掉财富带来的权力。她们找到莱昂尼达斯二世并求助于他，让他阻止阿基斯四世的计划。莱昂尼达斯二世很愿意帮助富有阶级，但他害怕想要改革的人民，所以不敢公开反对阿基斯四世。他暗中无所不用其极，诋毁、阻挠阿基斯四世，使主要官员都反对阿基斯四世。他利用各种机会狡猾地暗示，阿基斯四世提议要将富人的财产分给穷人，完全出于傲慢的心理，好自己获得专制权力。因此，取消债务和分配土地这些措施的目的不是为了斯巴达公民，而是为了自己赢得更多的支持者。

尽管有诸多反对的声音，阿基斯四世还是帮助吕山德赢得选举并成为监察官。吕山德向元老院提交了一个议案，主要内容为：应该取消债务，划分土地，从佩列涅山谷到塔吉图斯山，从马利亚到塞拉夏，一共分为四千五百份，偏远的地区分成一万五千份。偏远的地区要在珀里俄基人中分配，前提是他们要服兵役。前者要在斯巴达人内部分配，要是人数不足，可以接受偏远地区的公民和外乡人，但必须是接受过良好教育的、身体强壮的青年人。把这些人编成十五个连队，每个连队多则四百人，少则二百人，要一起用餐，遵守祖辈定下的规矩。

针对这一提议，元老院无法达成一致意见，吕山德立即召集公民大会。他和曼德罗可莱达斯及阿格西劳斯分别发表了演讲，呼吁大家不要让少数自私的富人毁了斯巴达。他们要大家记住古代的神谕，爱钱贪财将会毁灭斯巴达，而他们最近在帕西法厄神殿也收到了类似的预言……神谕让斯巴达人遵守吕库古的规定，恢复人人平等的局面。这些人演讲完后，阿基斯四世走向前来，告诉大家他将以身家性命为新的法律做担保，他将自己的产业——面积广阔的耕地和牧场——拿出来分给公民。除此之外，他还将捐献六百塔兰特。他还向人民保证，他的母亲和母亲的朋友——斯巴达最富有的人们——也会追随他的行动。

大家在兴高采烈之余赞誉这位年轻人的慷慨，为斯巴达在三百年后又出现一位英明的国王而感到欣慰。莱昂尼达斯二世知道自己难免要破财消灾，而所有好处都要归阿基斯四世，所以对阿基斯四世展开了猛烈的抨击……大家开始追随阿基斯四世，而有钱人则哀求莱昂尼达斯二世不要抛弃他们。他们通过苦苦哀求说服了元老院的成员，结果提议吕山德的议案因一票之差未能通过……

后来，吕山德成功迫使莱昂尼达斯二世退位，莱昂尼达斯二世的女婿克利俄姆布罗塔斯二世代替他成为新的国王。

不久，吕山德任期届满离职，新就任的监察官马上恢复了莱昂尼达斯二世的王位，并且控告吕山德和曼德罗可莱达斯使用非法手段取消财务、分配土地。他们因为面临生命危险，所以说服两位国王采取一致行动，推翻监察官的判决。他们提到，监察官的权力实际上来自国王之间的争执，当两位国王出现意见不一致，无法解决问题的时候，监察官拥有的特权是支持自己认为正确的一方。若两位国王意见一致，监察官就无权反抗。阿基斯四世和莱昂尼达斯二世都认为他们说的有道理。两人一起带着他们所有的朋友前往会堂，将监察官赶走，另外派人接替他的职位。阿格西劳斯就是接替职位的人之一。然后，他们将年轻人编成一支军队，把很多人从监狱中释放出来，然后威胁敌对分子将会发生一场大屠杀。然而，流血事件并没有发生。虽然阿格西劳斯想要杀死莱昂尼达斯二世，下令在莱昂尼达斯二世逃往泰耶阿之际将他伏杀，但阿基斯四世听说之后立即派出随从保护莱昂尼达斯二世，将他安全送到泰耶阿。

  目前，一切进展顺利，再也没有人对改革持反对意见了。但阿格西劳斯一人的卑劣与贪婪就摧毁了斯巴达最崇高的理想。阿格西劳斯坐拥全国最好的土地，却仍然负债累累。他既不打算偿还自己的债务，也不打算将自己的土地分给别人。因此，他说服阿基斯四世，要是两项重大举措同时实施那就太冒风险了，所以应该先取消负债。这样一来，让有钱人交出土地也更容易。阿格西劳斯用同样的手段欺骗了吕山德和其他人。最终，大家都同意了他的计划。于是，人们收集起所有债券，带到市场放火烧掉。借钱给别人的财主看着熊熊火焰，心中万般无奈。阿格西劳斯却用幸灾乐祸的口吻说，他从未见过如此明亮纯洁的火焰。随即，人们要求分配土地，阿格西劳斯找了五花八门的理由来拖延时间，直到阿基斯四世要带兵出征……

——普鲁塔克《阿基斯传》

阿基斯出征期间莱昂尼达斯二世重新登上了王位，改革无法继续下去了。阿基斯四世回来后，不得不躲起来自保。有一天，阿基斯四世洗澡时被抓住并关入了监狱，最终被绞死。他的母亲亚杰西斯特拉塔和祖母阿契达美娅随即被处死。阿基斯四世是第一个被监察官处死的国王。

●斯巴达国王克莱奥梅尼三世的民主措施

克莱奥梅尼三世是上文提到的国王莱昂尼达斯二世的儿子。公元前235年，克莱奥梅尼三世即位。公元前219年，在流放时，克莱奥梅尼三世驾崩。他不仅是一位能力出色的军事指挥家，还是一名优秀的政治家。他能感觉到拉栖第梦人的疾苦，同时有能力克服种种障碍继续推行阿基斯四世的改革。克莱奥梅尼三世的朴素与当时斯巴达富人中盛行的铺张奢侈形成了鲜明的对比。在下文中，阿忒纳乌斯引用了菲拉尔克斯的《历史》。

克莱奥梅尼三世虽然十分年轻，但拥有敏锐的辨别力，生活方式也十分简朴。在献祭时，受邀参加的人们发现他日常的伙食不比其他人好到哪里去。虽然他经常接见外国使臣，但他从不会早于正常时间设宴款待他们，并且仅用五人桌招待。没有使臣的时候，则只摆三人桌。至于在宴会中谁应该先入席，没有特殊的规定。但通常情况下，是由年长的人引路，除非年长的人邀请别人这么做。克莱奥梅尼三世通常会和自己的兄弟或者同龄人一起进餐。三脚桌上会摆放一个铜制冰酒器、一个木桶、一个银质小杯和一个漏斗，桌上的勺子也是铜制的。除非有人要求，否则不会随便喝酒。但在晚餐之前，每位客人都会先喝一小杯。上的菜也被摆放在一个十分普通的桌子上，菜量被控制得不多不少，到场的人既不会有剩余，也不会感到吃不饱。克莱奥梅尼三世招待客人既不会过于寒酸显得吝啬小气，也不会铺张浪费显得傲慢自大。当有客人时，克莱奥梅尼三世会选择更好的酒。进餐时，所有人都默不作声，会有奴隶站在他们身旁，手中拿着酒，给有需要的人倒酒。晚饭后也会给所有客人一定量的酒，同样会根据客人的示意分别倒给他们。吃饭时没有音乐，但克莱奥梅尼三世会同客人交流，毕竟邀请他们就是为了交流。每个客人走后都对克莱奥梅尼三世的殷勤好客大加赞赏。

●克莱奥梅尼三世的政治及社会变革

与阿基斯四世相比,克莱奥梅尼三世有更多的经验,因为他登上王位时已经快三十岁了。对克莱奥梅尼三世来说,阿基斯四世的尝试和失败是一种警示,在准备进行改革之前一定要巩固自己的权力。很幸运的是,克莱奥梅尼三世拥有军事才能,当时希腊各城邦之间的关系也给了他建立威望的机会。

有那么一段时间,埃托利亚同盟一直是希腊半岛的主要力量。而更近的一段时间,西锡安的亚拉图领导的亚该亚同盟占了上风。亚该亚同盟甚至有希望吞并整个伯罗奔尼撒。这自然引起了斯巴达的敌意。克莱奥梅尼三世与亚该亚同盟进行了几次交锋并大获全胜,为自己赢得了支持。与此同时,他在实施自己的政治阴谋。斯巴达的另一王位空缺之后,克莱奥梅尼三世让正在流放的阿基斯四世的弟弟阿希达穆斯[①]即位。过了一段时间后,阿希达穆斯五世惨遭杀害,凶手是害死阿基斯四世的同一党派之人,也有人怀疑是克莱奥梅尼三世本人。需要注意的是,克莱奥梅尼三世的妻子阿吉提斯是阿基斯四世的遗孀。阿吉提斯是一个可敬的女人,利用自己的权力来支持改革。下文的重要性在于,它讲述了历史上最有趣的社会改革之一。有人认为这一改革对格拉古兄弟产生了影响。虽然这一说法尚未被证实,但这种可能性是存在的。

[①] 即位后为阿希达穆斯五世。——译者注

克莱奥梅尼三世为自己的胜利感到高兴。他相信只要政局掌握在自己手里,那么亚该亚人就对自己无计可施。同时,他说服了自己的继父麦基斯托努斯废除监察官制度,并且重新分配财产,以建立全民平等。斯巴达在恢复古老的平等观念以后,可以再度振奋指挥全希腊的雄心壮志。麦基斯托努斯赞成他的想法,邀请几位朋友参与此事。就在这时,有一位睡在帕西法厄神殿的监察官做了一个奇怪的梦,他梦到在处理公务的地方,同僚的椅子有四张被拿走,只有一张被留下。就在他感到不可思议的时候,听到神殿里有声音传出:"这样对斯巴达才是最好的。"这位监察官将自己的梦境告诉了克莱奥梅尼三世,克莱奥梅尼三世起初有些惊慌,害怕他们怀疑自己有所图谋,但他发现这位监察官的语气十分真挚,于是便放下心来。他认为有些公民反对自己的计划,于是便率领这些公民去夺取赫里亚和阿尔西亚——这两个城邦都属于亚该亚同盟。然后,向奥尔霍迈诺斯供应粮食,面对曼提尼亚扎下营地。长途行军使拉栖第梦人疲惫不堪,最后很多人提出要求自愿留在阿卡狄亚。与此同时,克莱奥梅尼三世率领部队向斯巴达前进。他事先早已想好哪些人有利于他达成目标,于是在途中将自己的计划告知这些人,调整行军的速度,从而在晚饭的时候抓住监察官。

等到快要接近斯巴达的时候,他派尤里克莱达斯前往监察官用餐的地方,借口从军中为他传达有关信息。

随行的人员有菲比斯、瑟里西昂、克莱奥梅尼三世的两名被收养的兄弟及几名士兵。就在尤里克莱达斯向监察官们报告之际，这些人拔剑冲上来，对他们痛下毒手。监察官的主席阿吉里乌斯第一个遭到致命的打击，倒在地上不省人事。过了一会儿，阿吉里乌斯苏醒过来，在没有人发觉的情况下慢慢爬出了房间，爬进了一间供奉恐惧之神的小神殿中。神殿的门通常是紧闭的，而这时竟然是开着的。他躲在里面并插上了门闩。其他四位监察官都惨遭杀害。几个前来施以援手的人无一幸免。那些保持安静的人都没有受到伤害，逃离城邦的人也没有被阻止。第二天，阿吉里乌斯从神殿中出来，侥幸活命……

　　第二天早晨，克莱奥梅尼三世公布了八十位被流放的公民的名单，将监察官的椅子搬走，只留下一把椅子供自己使用。然后，他召集了公民大会，为他近期的行动做出解释。他说，在吕库古时期，国王和元老共享国家的至高权力，长久以来一直如此，无须改动。直到麦西尼亚战争发生，国王无暇处理公共事务，于是从朋友中选出几个人作为自己的幕僚。这些人起初只是国王的仆人，后来手中的权力越来越大，最终一种新的势力在国内形成。有一种延续到现在的习惯就是很好的证明：当监察官派人去请国王的时候，国王会拒绝第一次邀请和第二次邀请，直到第三次才起身前往。阿斯特罗帕斯是第一位监察官，也是赋予这个职位长久权力的人。

克莱奥梅尼三世接着说，如果监察官能适度行事，那么他们继续存在是更好的，但他们利用权力胡作非为，摧毁斯巴达的制度，废黜国王，处死国王，还威胁那些要推行神圣改革的人。因此，如果他能够采用不流血的方式，使拉栖第梦人从外国传入的奢侈、挥霍、负债和高利贷等"瘟疫"中脱身获得自由，他就可以认为自己是世界上最幸运的国王。就像一名技术高明的医生，对自己的国家进行了一场至关重要的手术。吕库古也支持使用武力。吕库古既不是国王也不是官员，而只是一介平民。他全副武装进入公民大会，卡里拉欧斯在惊恐之余竟逃到祭坛躲避。但卡里拉欧斯是一位爱国的仁君，很快便同意了吕库古的改革。吕库古的例子很好地证明了没有武力是很难实现变革的。克莱奥梅尼三世保证自己会以最宽容的手段使用武力，只针对那些反对拉栖第梦人获得自己最大利益之人。克莱奥梅尼三世告诉公民他将划分土地，免除债务。没有公民身份的外乡人要经过测试，其中最优秀的人可以成为拥有自由权利的斯巴达人。从此，斯巴达就有了充足的兵力，不再出现因兵力不足而惨遭埃托利亚和伊利里亚蹂躏的惨剧。

然后，克莱奥梅尼三世先拿出了自己的财产成立公共基金。这一行为得到了他的继父麦基斯托努斯、他的朋友及广大公民的纷纷效仿。土地平均分配，即便是被流放的人也都获得了应有的一份。克莱奥梅尼三世会让这些人尽快回国。整个斯巴达的人口经过补充以后，公民的人数超出预先的估算。克莱奥梅尼三世召集了一支四千人的军队,教他们用长矛取代标枪,教他们用绳索而不是把手来固定盾牌。随后,他又开始关注青年人的教育与纪律。这得到了史菲鲁斯的协助。竞技活动和餐桌礼仪很快被恢复。绝大多数人都愿意回归拉科尼亚简单的生活方式。因为担心被称为专制君主,克莱奥梅尼三世让自己的弟弟攸克里德斯即位。斯巴达第一次出现了两位国王来自同一家族的情况。

无论是希腊军队,还是其他军队,只有斯巴达人的营地没有戏子、艺人、舞女和歌手。年轻人把大部分时间都用于训练,接受长者给他们的教导,远离放荡、淫乱和饮宴。在闲暇的时候,大家会相互说笑取闹,或者利用拉科尼亚式的机智问答作为消遣。

在任何事情上,克莱奥梅尼三世都能够以身作则,在万众瞩目下过着自我节制的生活,他的生活一点都不讲究排场,更不会任意浪费。这极大地提高了他在希腊的影响力。人们前去拜访其他国王,对庞大的财富、贵重的摆设和众多的随从,即使赞赏也着墨不多,对其他国王的高傲和奢华,觐见的艰难,蛮横的口吻都感到极其厌恶、痛恨。然而,拜访克莱奥梅尼三世的时候,在这位名副其实的国王身上,他们看不到用来表现庄严气派的紫色长袍,看不到卧榻或轿子,也看不到众多报信的人和仆人。克莱奥梅尼三世穿着最普通的衣服,走上前来与众人握手,与每个人亲切地交谈。所有人都深受感动和吸引，声称他才是赫拉克勒斯名副其实的后裔。

克莱奥梅尼三世只有亚该亚同盟一个对手时，还能够应付过来。但随后，马其顿国王安条克三世与亚该亚同盟一起对抗克莱奥梅尼三世。克莱奥梅尼三世开始处于不利地位。在这种情况下，他的社会改革的最后一步就是提高对抗日益强大的敌对势力的能力。

安条克三世占领了泰耶阿，让军队洗劫了奥尔霍迈诺斯和曼提尼亚两个城邦，克莱奥梅尼三世被限制在拉栖第梦的领土之内。克莱奥梅尼三世规定任何农奴只要缴纳五阿提卡迈纳就能获得自由。通过这种方式，他获得了五百塔兰特。他还组建了一支两千人的军队，以马其顿的方式进行装备，希望以此来对付安条克三世的"银盾军"。他开始着手准备一个出人意料的计划。

——普鲁塔克《克莱奥梅尼传》

● **《各种各样的社会状况及情绪》（一）**

《各种各样的社会状况及情绪》的内容都节选自《名言警句选集》。目前已知最早的此类选集出自公元前1世纪的叙利亚的墨勒阿革洛斯之手。后来，在公元1世纪，来自帖撒罗尼迦的菲吕帕在墨勒阿革洛斯的基础上增加了许多内容，同时进行了某些内容上的改动。公元6世纪时，拜占庭的阿加提阿斯又进行了补充和修订。我们现在看到的版本要归功于一个叫康斯坦丁诺斯的人。他应该生活在公元10世纪,他的手稿是我们主要的知识来源。有人曾经试图将这一选集汇编成书,但可想而知选集的内容是杂乱无章的,并且包含一些不相关的拜占庭的材料。14世纪,一个叫普莱纽迪斯的语法学家重新编排和增删了康斯坦丁诺斯的作品。1484年,在佛罗伦萨,普莱纽迪斯的成果出版。直到1606年,人们才在海德堡王权伯爵[①]的图书馆里发现了康斯坦丁诺斯的作品。

这些诗的日期和作者都难以确定。因此,编辑认为没有必要按照时间顺序编排。

棕色小壶
无名

浑圆,单耳,长颈,细口,你是酒神巴克斯、诸位女神及库忒瑞亚的女仆,是宴会上笑容甜美的女主人。在我清醒的时候,你的肚中装满了酒,而我喝醉的时候,你将肚子空空。

众多礼物中的第一件

我的新娘,我送你的这个头巾,用金线织成,闪闪发光。用它盖住你的秀发和肩膀,然后用扣子扣在你洁白无瑕的胸前。你可以将它当作上衣,因为它可以包裹你

---
① 中世纪的一种爵位,在领地中能够享有王权。——译者注

整个上身。你只能在还是处子的时候佩戴它。当你成婚生子之后，我会送你银质的头冠和嵌满珠宝的头饰带。

女性的这种抱怨是十分常见的，典型代表就是欧里庇得斯作品中的美狄亚，尽管她看似十分自由。现代人对这一话题的提及肯定是偶然的，但反映了当时生活的真正情况。

女性隐居的生活

莱昂蒂奥斯（公元6世纪）

与我们女人肩上的重担相比，青年男子肩上的重担算不上什么。青年男子有自己的管护人，可以无畏地向他们说出自己的压力和痛苦。他们忙着进行各种有趣的比赛，又可以自由地走在大街上，享受着多彩的人生。我们却连日光都看不到，藏在昏暗的屋子里，忧心忡忡地浪费着时间。

●《各种各样的社会状况及情绪》（二）

三位纺织女孩的贡品

西顿的安提帕特（公元前2世纪）

这三位年纪相仿的女孩利用她们精妙的纺织技术向智慧女神雅典娜贡献了以下物品：德莫贡献了编织的篮子，阿尔西诺贡献了一个卷线杆，巴基克利奥贡献了一个梳子。

一次神圣的治病过程
作者不详

一位年迈的、做手工的妇女，挂着木拐缓慢前行着，试图寻找愈合之水来治疗自己的跛足。宁芙仙女见她可怜，于是来到她们父亲希米修斯位于埃特纳山山脚下的房屋，为她寻找愈合之水。温暖的埃特纳溪水治愈了老人的跛足。她将自己的木拐留给了宁芙仙女，宁芙仙女十分喜爱这个礼物。

一份小的财产
他林敦的莱昂尼达斯（公元前3世纪）

这是克莱顿简陋的小屋，耕田不大，葡萄园也很小，没有什么好收成。然而，克莱顿在小屋中满足地度过了八年的时间。

一位新娘向童年告别
作者不详

结婚之前，提玛瑞特将自己的手鼓、头冠、玩偶及玩偶的衣服敬献给了阿耳忒弥斯。勒托的女儿，请保佑提玛瑞特一生平安。

一位厨师献给赫尔墨斯的礼物
阿里斯顿（公元前2世纪）

厨师在摆脱了奴隶身份之后，向赫尔墨斯敬献了水壶、肉钩、被弄弯的猪舍的销子、搅拌汤用的长柄勺、一把扇子、一口黄铜锅、一把斧子、一把切喉刀、一块用来擦拭的海绵、配有石臼的双头盐杵，以及用来放肉的木盘。

●《各种各样的社会状况及情绪》(三)

返航回家

宙斯啊，我曾多次向你祈祷，祈求航行的时候能够风平浪静，你总是让我如愿。请你也保佑我此次航行顺利，成功返航。故土和家是生命的恩赐。

拾穗的老者

帖撒罗尼迦的菲吕帕(公元前1世纪)

为了填饱肚子，上了年纪的尼可和年轻的女孩捡拾着落在地上的麦穗粒，后来却死于炎热的天气。尼可的同伴手中没有木材，于是堆起麦穗为她举办葬礼。

科林斯哀悼歌

西顿的安提帕特

科林斯，你曾经的美丽去了哪里？林立的高塔和积累的财富去了哪里？神殿和人们的房屋去了哪里？西绪福斯的女人去了哪里？成千上万的平民又去了哪里？一切都被战争吞噬了，甚至没有留下一丝痕迹。

致书虫

欧维诺(时间不详)

缪斯女神最憎恨的就是你了,你啃噬着她们的书页。你这个偷偷摸摸进行破坏的害虫,享受着圣人们香甜的思想果实。你披着黝黑的外皮,潜伏在深处。

悲观主义者

作者疑似波塞狄普斯(公元前3世纪)

一个人要度过怎样的一生啊?在外吵吵闹闹熙熙攘攘,回到家又都是烦心事。乡村的生活疲劳倦怠,到了海上又胆战心惊。在陌生的地方担心是否会吃不饱穿不暖。你结婚了?但忧愁不会减少。你没结婚?那你多么孤单啊!要想逃离这一切只有两个选择:要么从未降生于人间,要么生下来便立即夭折。

乐观主义者

梅特罗多勒斯(公元前3世纪)

你可以体验丰富多彩的一生。在外可以展示你的光彩与智慧,回到家可以尽情休息。在乡村可以体验大自然的魅力,到了海上则会收获满满。在陌生的地方如果有所成就,则会留下好的名声。即便过得不好,别人也无从知晓。你结婚了?家是最温暖的港湾。你没结婚?那你的生活多么轻松自如啊!孩子是心中的挂念,没有孩子就可以无忧无虑了。我们的选择多种多样,因为生活的一切都是美好的。

水力磨坊
西顿的安提帕特

碾磨的女人们,你们再也不用动手来使磨坊转动了。即便听到公鸡打鸣,你们也可以再睡一会儿。因为德墨忒尔已经派出宁芙仙女替你们干辛劳的活计。她们跳上轮子的顶端,转动轮轴。德墨忒尔利用旋转的辐条来转动庞大的磨盘。我们可以回到旧时自由自在的生活了,德墨忒尔的发明让我们不再辛劳。